户外拓展训练
与安全监控体系的建设研究

王维军 著

SPM 南方传媒
广东人民出版社
·广州·

图书在版编目（CIP）数据

户外拓展训练与安全监控体系的建设研究 / 王维军著. — 广州：广东人民出版社，2021.12

ISBN 978-7-218-15586-9

Ⅰ. ①户… Ⅱ. ①王… Ⅲ. ①拓展训练—安全监控系统—建设—研究 Ⅳ. ①G895

中国版本图书馆 CIP 数据核字（2021）第 279082 号

HUWAI TUOZHAN XUNLIAN YU ANQUAN JIANKONG TIXI DE JIANSHE YANJIU

户外拓展训练与安全监控体系的建设研究

王维军　著

出 版 人： 肖风华

责任编辑： 李力夫
责任技编： 吴彦斌　周星奎
装帧设计： 崔　蕾

出版发行： 广东人民出版社
地　　址： 广州市大沙头四马路 10 号（邮政编码：510102）
电　　话：（020）85716809（总编室）
传　　真：（020）85716872
网　　址： http://www.gdpph.com
印　　刷： 三河市德贤弘印务有限公司
开　　本： 710mm×1000mm　1/16
印　　张： 14.5　　**字　　数：** 230 千
版　　次： 2022 年 6 月第 1 版
印　　次： 2022 年 6 月第 1 次印刷
定　　价： 72.00 元

如发现印装质量问题，影响阅读，请与出版社（020-85716849）联系调换。
售书热线：（020）85716826

前　言

随着我国经济的飞速发展和社会的不断进步，人民群众的生活质量逐步提升，并越来越关注健康、体验和享受。人们积极参与各种体育活动，从中获得健康，体验精彩，挑战极限，享受乐趣。户外运动传入我国后，受到了人们的关注。户外拓展训练是户外运动的主要形式之一，参与户外拓展训练，既能强身健体，又能亲近大自然，陶冶情操，提升社会适应能力，对人综合素质的发展具有重要意义，这类运动以其独特的感染力赢得了很多户外运动爱好者的喜爱。但是因为户外拓展训练在我国起步较晚，行业准入门槛较低，管理机制尚不健全，使得一些资质较差的公司和人员进入这一行业，带来了潜在的安全隐患，引发了一系列的安全问题，对国家、政府和人民群众的财产和生命安全造成了严重的影响，更是影响了社会安定团结。对此，加强对户外拓展训练的科学监控及安全管理十分紧迫。基于此，作者在查阅大量相关著作文献的基础上，精心撰写了本书。

本书共有八章内容，第一章阐述户外拓展训练的基础知识与发展情况，从而对本书的研究对象形成基本的认识。第二章分析户外拓展训练的多元学科理论基础，包括运动生理学、运动心理学和运动训练学基础。在多学科理论的科学指导下组织户外拓展训练，有助于提高训练的科学性、安全性及实效性。第三章对户外拓展训练中基础素质和基本技能训练方法展开研究，良好的身心素质以及熟练的户外生存技能是人们参与户外拓展训练的基础条件，因此要通过科学训练而提高身心素质水平和基本技能水平。第四章与第五章着重对户外拓展训练的团队类项目和能力培养类项目的设计与操作方法展开研究，以培养参与者的团体协作能力和个人综合素质。第六章至第八章分别研究户外拓展训练的安全保障体系建设、安全保障体系相关实例以及安全管理体系建设，从而为户外拓展训练的安全组织与实施提供科学指导和全方位保障。

总体而言，本书具有以下几个特征。

第一，系统性。本书首先从理论层面分析户外拓展训练的基础知识、学科理论，然后从实践层面探讨户外拓展训练中基本素质与技能的训练方法以及常见项目的设计与操作方法，最后从安全层面重点研究户外拓展训练的安全体系构建。总体来看，结构完整，内容丰富，层次清晰，具有较强的系统性。

第二，理论与实践有机结合。本书既对户外拓展训练的基础理论、学科理论进行了分析，又在理论分析的基础上深入研究户外拓展训练的实践操作方法，理论与实践充分结合，以全面提高户外拓展训练从业者与参与者的理论知识素养和实践操作能力，并提升户外拓展训练活动的科学性与实效性。

第三，创新性。随着户外拓展训练的不断发展，突发安全事故也越来越多，导致户外运动者的人身和财产安全受到严重威胁，这不仅影响了户外拓展训练的发展，也对社会安定团结构成了威胁，因此加强户外拓展训练的安全监管迫在眉睫。在户外拓展训练的相关研究资料中，关于安全的研究缺乏系统性和全面性，研究角度单一，因而实践指导作用大打折扣。而本书从安全保障；医务监督保障；法制、教育、监控、保险等安全管理保障出发，全方位构建系统而完善的户外拓展训练安全体系，从而有效推动户外拓展训练的可持续健康发展。

总之，本书主要围绕户外拓展训练的理论、方法及安全展开研究，在理论方面涉及基础理论知识和多学科理论；在操作方法方面涉及基本素质与技能的训练操作以及常见户外拓展训练项目的设计与实践操作；在安全方面主要包括安全保障体系、安全管理体系的构建。希望本书能够为促进我国户外拓展训练的持续健康发展及保障户外拓展训练参与者的安全做出贡献。

本书在撰写过程中参考并借鉴了很多专家、学者的研究成果，在此表示诚挚的感谢。由于作者水平有限，书中难免有不妥与疏漏之处，敬请广大读者批判指正。

作　者

2021年7月

目 录

第一章

户外拓展训练之基础知识与发展渊源

户外拓展训练作为一种新型的户外体验式学习方式，训练方法新颖，能够有效帮助参与者亲近自然，贴近生活，增强身体素质、提高心理能力，改善人际关系。户外拓展训练虽然在我国起步较晚，但发展迅速，受到人们的欢迎。我们需要加深对户外拓展训练的认识，让此项运动在我国蓬勃发展、焕发生机。本章将简要阐述户外拓展训练的相关概念，户外拓展训练的特征与价值、基本常识与溯源发展，帮助人们更好地认识拓展训练活动。

第一节　户外拓展训练相关概念阐述

与户外拓展训练有关的概念、理念在不断地发展创新，以至于很多人无法辨清不同概念、理念之间的相互关系。实际上，不同概念、理念之间既相互联系又相互区别，有的是包容关系，有的是衍生关系，有的是同类关系，有的只是相近但并无关系。简单区分户外拓展训练的相关概念，有助于我们制定训练计划、监控训练活动、评估训练效果。

一、户外运动

严格来讲，户外运动的全称是“山地户外运动”，特指在海拔3 500米以下的山区、丘陵等地开展的、与登山活动有关的户外运动（海拔3 500米是中国登山协会对高山概念的海拔规定）。但随着户外运动越来越普及，种类越来越繁多，户外运动这一概念也有所扩展。广泛来讲，户外运动是指在自然场地举行的集体项目群，此运动以走出家门、脱离狭小空间的束缚、贴近大自然为特征，常带有探险或体验的性质。

（一）户外运动的种类

常见的户外运动主要有以下几种（表1–1）。

表1–1 户外运动的种类

项目名称	项目具体描述
攀岩	分为自然场地攀岩和人工场地攀岩，刺激且很有挑战性。
攀冰	由攀岩运动发展而来，是攀登高山、雪山的必修科目，是登山运动的基本技能之一，是一项需要借助装备、器械而进行的运动，要求装备质量高且经久耐用。
速降	在教练的现场指导下，运用各种专业登山器材，在天然陡壁上凌空飞步，利用绳索由岩壁顶端下降到地面。
野营	在野外露营、野炊，学习各种野外生活技能。露营者通常需要携带帐篷，离开城市在野外扎营，度过一个或者多个夜晚。露营常和徒步、钓鱼、游泳等其他活动联系起来。
徒步	俗称远足、行山或健行，有目的地在城市的郊区行走，不需要登上山顶，但是登山和穿越密切相关，两种活动经常结合在一起。
溯溪	在峡谷溪流的上下游之间，克服地形上的各处障碍，穷水之源而登山之巅的一项探险运动。乐趣在于不断克服一个接一个的急流、瀑布、跌水、旋涡，激流勇进、逆水前行。
潜水	泛指所有水面下的活动。包含使用压缩机由水面供气的潜水；由潜水员自行携带呼吸系统的水肺潜水；不携带呼吸系统，仅使用轻装备的自由潜水。
野外定向	又名定向越野，是一种在野外利用地图和指南针，以不同形式完成一段路程，并在检查点为控制卡（记录卡）打上印记的活动。

（二）户外运动的起源

拥有100多年历史的攀岩运动、18世纪末欧洲阿尔卑斯地区的登山活动开创了近代户外运动的先河。1965年，英国登山家、攀岩运动的创始人埃德瓦特利用简单的钢锥、铁锁和登山绳索成功地登上了险峰，到1890年，英国登山家马默里又改进了攀登工具，发明了打楔用的钢锥和钢丝挂梯以及各种登山绳结，把攀岩技术推进到了新的阶段。[①]随后，英国的殖民主义大肆扩张，户外运动、娱乐运动、竞技运动逐渐传播到美国、欧亚的许多国家。

户外运动在我国算是“舶来品”，直到20世纪90年代才被引入，受到当时社会经济、生活水平、装备等的限制，户外运动在我国起步较晚。我国最开始接触户外运动的是一些较为富裕的人，他们大都参与跑步、打球、钓鱼、溜冰等健身活动，体验户外运动的乐趣，享受大自然的美好。随着滑雪、漂流、沙漠探险、徒步旅行等户外运动从国外引入，我国户外运动的种类越来越多。

二、户外培训

与传统的在教室中进行的培训不同，户外培训指任何在户外进行的培训活动。户外培训主要包括两种类型：一种是具有很高风险的探险训练，另一种是具有中低风险的户外练习或户外学习。

① 程君杰.户外运动与拓展训练研究[M].长春:吉林大学出版社,2016.

三、户外拓展训练

户外拓展训练，又被称为拓展训练、野外拓展训练、外展训练、户外体验培训，此训练指专业的机构将一群平时在一起学习或工作的人集合起来，把他们带入户外环境或设施中，共同参与体验式的训练。

户外拓展训练旨在通过野外环境的刺激，唤醒城市中人们日渐麻木的精神、灵魂，提高个人的沟通技巧、领导力、决策力、竞争力、团体凝聚力、团体中各成员的人际信任等，让人们更加珍惜现在的幸福生活，得到精神、身体上的极大满足与双重放松。人们往往能在户外拓展训练中学习到一些常识，但并不能获得科学可靠的野外生存知识、技能。目前，个人心理素质培训中也广泛采用户外拓展训练项目中的相关技术。

第二节 户外拓展训练的特征与价值

户外拓展训练作为一种新型的、富有挑战性和趣味性的项目，有其独有的特征和价值，在我国已形成一定的规模。

一、户外拓展训练的特征

（一）真实性

户外拓展训练需要所有学员保持注意力高度集中，全身心完全投入于当前的活动，在户外拓展训练中有身历其境之感，真实体验，真实感受，最终有所收获，得到技能的提升。

（二）综合活动性

户外拓展训练中的各种项目均以体能活动为引导，是包含认知活动、意志活动、情感活动、合作交往活动在内的一项综合活动。训练活动通常具有明确的操作过程，指导每一项活动任务的顺利进行。

（三）自我教育与自我挑战

在开展户外拓展训练之前，教员需要把拓展训练课程的内容、目的、要求以及需要重点关注的安全事项等向学员讲清楚。课程进行过程中一般不再重复讲述，也不允许学员参与讨论。在训练课结束后，教员会对学员的表现进行总结，总结也只是点到为止，关键看对学员是否有启发意义，之后让学员自己来讲，对自身的具体表现进行总结。在整个训练课程中充分尊重学员的主体地位和主观能动性，帮助学员达到自我教育的目的。

户外拓展训练项目一般难度较大，学员需要克服自身的心理障碍，将其视为一种极限挑战，在训练中提升自身的能力，实现自我挑战。

（四）集体中的个性

户外拓展训练通常采用分组活动的形式，强调活动中的集体合作，取得团体的胜利。每一名学员都需要竭尽全力为集体争取荣誉，与此同时，从集体中汲取力量和信心，在集体中显示个性，迸发出个人的活力，找准个人在集体、在社会中的位置和所扮演的角色。

（五）高峰体验

在需要层次理论中，著名心理学家马斯洛创造了“高峰体验”这个名词，指人们在自我实现的过程中，在全身心投入当前活动的过程中，忘却了时间的流逝，忘却了自身的存在，感受到的短暂的、豁达的、极乐的、深刻的体验，这是一种超越了基本需要的满足，是一种趋于顶峰、超越时空、超越自我的满足。人们在经历高峰体验时，会产生一种独特的存在认知，仿佛与整个宇宙融合了，这是自我肯定的时刻，是一种超越自我的、忘我的、无我的完美状态。

户外拓展训练作为一种专业的户外体验式训练，在训练过程中，极易投入，极有可能产生高峰体验。在克服困难，顺利完成课程目标后，学员通常能够感到发自内心的自豪，获得难得的高峰体验。

（六）宽泛的适应性

户外拓展训练具有广泛的适应性，社会各界人士都能够积极参与，无论是高级官员、经理人员、白领职员，还是普通工人、青少年，都有相应的课程满足其需要。

与此同时，根据受训对象的不同特点和需要，各类课程可进行有针对性地开发、设计，使得训练内容更符合个人需要，更切合实际，更好地达到训练的目的。

二、户外拓展训练的价值

（一）促进身心健康发展

目前，生活节奏之快、社会竞争之激烈使得人们承受着愈来愈大的压力，对劳动者的身心造成了很大的伤害。劳动者的心理健康状况不容乐观，许多人在劳动中体验不到快乐，过着浑浑噩噩的生活，造成了较为严重的心理失衡。而户外运动、户外拓展训练作为一种娱乐方式，能够减轻人们的压力，释放人们的不良情绪，使人的身心达到和谐统一。体育活动尽管是一项身体活动，但是与人的情绪、心理状态密切相关。

主动参与或是被动参与拓展训练活动会产生完全不同的效果。若是被迫参与体育锻炼则很难从运动中获得快乐，缺乏长久的积极性。但若是主动参与体育锻炼则会在很大程度上缓解或发泄内心的压抑，增大人们在心理、生理层面对压力的承受能力。户外运动、户外拓展训练作为一项自发的休闲体育活动，人们可以根据自己的喜好、特点，自由选择运动项目、运动时间，放下生活中的重担，在户外环境中充分释放自身的压力，促进人的身心健康发展。

（二）彰显休闲体育价值

1. 娱乐与享受

户外拓展训练虽然具有一定的挑战性与危险性，但不存在竞技体育运动激烈的对抗性，人们可以避免承担成败胜负的重任，避免产生面对失败的消极情绪，在精神和体能上承担的压力相对较小。另外，人们可以根据自己的实际情况合理安排闲暇时间，完全跟随自己的意志与想法，选择自己最喜欢、最想挑战的运动项目，自由自在、轻松愉快地从事各项身体活动，忘却学习、生活中的烦恼，获得短时间的解放与自由，娱乐与享受。

2. 促进人际交往

户外拓展训练不仅可以减轻个人的压力，给人们带来娱乐的享受，还能够增进人与人之间的交流、拓展交际、促进交友。人们能够通过户外运动、户外拓展训练结识不同身份、不同性格特点、不同兴趣爱好的人，作为增进人们情感交流的有效途径，户外拓展训练丰富了人们的精神生活。可以说，这项休闲体育活动已经日渐成为人与人之间情感交流的桥梁。

3. 促进体育产业发展

在相对发达的国家，休闲产业在国民经济中已经占据了十分重要的地位，现代社会已经逐渐向信息化发展，在步入“休闲时代”的进程中。

目前，我国属于最大的发展中国家，人民的生活水平日益提高，越来越多的人投身于专业的或业余的户外运动、户外拓展训练之中。户外运动的服饰、各种类型的装备用品成为人们参与户外运动的必需品，走入人们的生活。户外运动用品大规模进入中国市场，户外运动俱乐部的数量也有了快速增长。户外运动市场已经成为体育市场一个非常重要的组成部分。

早在1997年，户外拓展作为一个体育产业在中国兴起，如今，户外拓展培训搞得风生水起，如火如荼。户外拓展公司在我国各地纷纷建立起来，仅江苏地区就有近50家涉及或主要从事户外拓展训练的公司。户外拓展的繁荣发展，也带动了旅游业的繁荣发展。户外运动、户外拓展训练需要有专门的场地，一般在户外度假村、旅游景点开展，带动了当地的消费，变向拉动了旅游业的发展。

4. 创新教育模式

户外运动、户外拓展训练开始步入校园，成为学生体育课堂的一部分。传统的体育教学模式正在冲破学校体制的束缚，帮助学生实现终身体育的目标。学生开展户外拓展训练，学习野外生存技术，提高野外生存能力，不仅能够增进学生之间的友谊，还能够增强团结协作的精神。参与者可在不同的户外环境下，通过参与丰富多样的、兼具趣味性与挑战性的户外运动，冲出“舒适区”，深入探索自我，挖掘自身潜能，突破自身的固有模式。户外拓展训练已经成为个人自我发现、自我激励、自我突破、自我提升的有效的训练方法。

（三）加强人际交往

1. 户外拓展训练提升人际交往能力

人际交往指人与人之间相互作用的动态过程。人是社会性动物，属于社会中的一员，每个人都处在社会这个大环境中，人际交往能够满足人们的高级需要，例如，尊重的需要、归属与爱的需要等。人际交往能力作为人生存和发展的一项基本能力，对个人的生活有着非常重大的意义。拥有良好的人际交往能力能够较为容易地建立起社会支持，提升人们对应激事件的解决能力，提升人的自我肯定，增强自信。但人们在实际的社会生活中，会遇到各种各样的人际关系，面对各种各样的人际交往问题。

现阶段在人际交往方面，许多人面临着严重的问题，主要表现在人际交往的意识、心理状态、外在行为等诸多方面。在现代社会中，人与人之间存在明显的疏离感，许多人感觉到孤独，在面对生活、学习上的困难时，无人倾诉，独自承担较大的精神压力。人际交往障碍的主要表现为自卑、自闭、孤僻、不合群，很少参加任何社交活动，待人冷淡等。人际交往障碍在很大程度上影响着人们的心理健康。

为了解决个人的发展问题，提升个人的人际交往能力，户外拓展训练这种形式受到越来越多人的欢迎与追捧。户外拓展训练通常采用互动式的学习和教学方式，进行强度较大、难度较高的身体活动，“先行而后知”是此种训练获取知识的主要途径。具体的课程类型一般分为三种：个人项目、双人合作项目和团队项目。其中，以团队项目为主。这些项目具有很强的趣味性与娱乐性，大多由一系列经过精心挑选的游戏组成，游戏中蕴含着丰富的生活哲理，需要学员亲身体会并进行深刻的反思。拓展训练这一显著特点吸引了很多人纷纷加入，学员能在轻松愉快的环境下体验生活的哲理，从中获得启示，加强与人的交流合作，提升人际交往的能力。通过户外拓展训练对大学生进行团体心理辅导，能够有效帮助大学生在活动中正确认识自我、看待自我、改善自我，正确对待别人，调整心理状态和外在行为，改善人际关系，营造出积极乐观、和谐融洽的人际关系氛围。

2. 户外拓展训练提升个人沟通能力

良好的人际关系离不开交往双方较强的个人沟通能力。有专门针对大学生沟通能力的调查，调查抽取40名在校大学生作为样本，调查结果显示：沟通能力较强的大学生有22人，占总人数的一半以上；沟通能力一般的大学生有17人，占44.8%；而沟通能力极差的学生仅有1人。此结果表明大学生的沟通能力还是比较强的。初步调查后，要求这40名大学生参与户外拓展训练，并对训练后大学生的沟通能力进行调查统计。结果发现训练前沟通能力极差的学生已处于沟通能力较高的一组；训练前沟通能力一般的学生的个人沟通能力在训练后得到了大幅度的提升；训练前沟通能力较高的大学生的个人沟通能力在训练中得到了巩固与加强。由此可见，户外拓展训练使得个人沟通能力有较为显著的提升。

3. 户外拓展训练提升个人社会适应能力

有针对学生群体开展的社会适应能力调查，调查结果显示，实验前社会适应性能力较差和一般的学生，在参加户外拓展训练后有明显的改善，其统计检测结果也表现出显著性差异；而实验前就在社会适应能力方面表现较为突出的学生，在参加户外拓展训练后显著性差异并不明显（$P>0.05$）。从调查结果可以看出，针对个人社会适应能力较好的学生，户外拓展训练的促进效果不太明显，但是对学生的社会适应能力起着巩固和加强的作用。因此，户外拓展训练能够改善个人的社会适应能力。

4. 户外拓展训练提升个人为人处事能力

个人的为人处事能力主要体现在日常说话、做事圆滑、懂得变通、尊重他人、承担责任等方面。有调查结果表明，实验对象在户外拓展训练之后的为人处事圆滑方面变化并不明显（$P>0.05$），而在尊重别人承担责任方面表现出显著的差异性（$P<0.05$）。由此可见，户外拓展训练能够帮助学生在尊重别人承担责任方面得到明显的提升。

综上所述，户外拓展训练能够有效改善和提高个人的人际交往能力，不仅能够促进个人的沟通能力、社会适应能力，而且能够提升个人的为人处事能力。个人参加户外心理拓展训练，可以在训练过程中逐渐获得挑战任务的勇气，从而使团队合作不断加强，完成任务的质量逐渐提高。团队中各成员的交流沟通逐渐增多，人与人之间的亲密感增加，真真切切的拥有“在一起”“一家人”的感觉。

因此，广大群众应该积极参与到户外拓展训练之中，学校、政府、教育部门可以考虑在各所高校中，将户外拓展训练作为一种新型的体验式教育方式，提升学生的综合素质能力。但需要注意的是，应该在开展户外拓展训练之前，遵循科学性原则合理选择户外拓展训练项目，并根据学生身心发展的特点和规律设计训练课程内容，最大程度提升学生的人际交往能力。与此同时，重视户外拓展训练结束之后的分享、讨论、评价和指导，帮助学生认真总结和思考整个户外拓展训练的经历。还可以创造性地将户外拓展训练课程与心理课程结合起来，一方面可以针对学生的心理健康问题开展相应的户外拓展训练，改善和矫正心理健康问题；另一方面可以与心理专家、学者进行及时的沟通和交流，更深一步地挖掘户外拓展训练的心理改善价值，为学生构建健康、时尚、科学的体育教育体系。

（四）培养团队精神

随着我国步入知识经济时代，进入社会主义现代化建设的新时期，团队精神显得越发重要。新时期的人才必须具备良好的团队精神，这是现代社会对人的一大要求。户外拓展训练作为一种新型的教育方式，作为一种户外体验式模拟训练，与传统的培训有很大的不同，它通过心理训练和团队合作训练实现团队精神的培养，挖掘团队潜能。

团队精神是组织文化的一部分，集中体现在大局意识、协作精神和服务精神三个方面。团队精神建立在尊重个人兴趣、实现个人成就的基础之上，在满足个人需求的情况下开展交流与合作。团队精神是个体利益和整体利益的统一，其核心是协同合作，最高境界是团体中的全体成员具有很强的向心力和凝聚力，保证组织的高效运转。个人在团队中张扬个性、表现特长的同时，完成共同的任务目标，合作双方明确的协作意愿和合作方式产生了真正的内心动力，在实现共同目标的过程中，既充分利用了每个人的智慧，又团结了集体的力量。

然而目前，越来越多的人成为“宅男”“宅女”一族，很多人不愿意与外界接触，缺乏与人合作的意识和战胜挫折的能力。人们平时在业余时间很少参加集体活动，在团队中培养团队精神的机会更少。甚至在公司中，各同事之间相互不了解，在宿舍、班集体中，同班同学之间、宿舍舍友之间交流不多，凝聚力不强，合作团结不够，纪律观念不强。当代年轻人丧失了应有的朝气活力，普遍存在重个人发展轻社会合作的倾向。许多人在成长过程中，逐渐摆脱了对父母的依赖，变得越发独立自主、我行我素，习惯于孤军作战，不大会主动与他人合作。过于看重个人得失而不是集体利益，只有在自己的利益受到损害时，才会站出来维护集体的利益。缺乏与社会、与他人合作的意识，缺乏承担社会义务的态度，已经成为当代人的显著标志与致命缺陷。

1. 增强集体凝聚力

集体凝聚力是一个团队得以存在的前提和必要条件。户外拓展训练中的团队项目常以复杂性、艰巨性著称，需要全部人员参与进来，齐心协力，才能完成最终的项目目标。在这个过程中，需要充分利用集体中每一位成员的智慧和个人特殊技能，不断提升受训者的合作意识、团队精神，增强整个集体的凝聚力。

集体凝聚力可以通过多种类型的户外拓展训练项目得到不断的提升。以

“电网”这个项目为例，所有队员必须依次穿越“电网”（即绳网，绳网上的每一个孔代表一条生路），在穿越过程中，任何人、任何身体部位（包括衣服）都不能够碰到“电网”的边缘，碰到即为“触电”，队员随即“牺牲”。“牺牲”的同志虽然可以继续前进，但是每条生路只能使用一次。“电网”项目作为户外拓展训练中最经典的项目，需要团队中每位成员具备较强的团队精神，为集体积极出谋划策、出汗出力。此项目需要合理分配人力资源，明确个人在团队中的位置，充分发挥个人优势，通过相互鼓励和支持，增加集体凝聚力，培养团队中个人的奉献精神，锻炼个人在集体中解决问题的能力，促进集体任务共同向前推进。没有任何一个团队能够轻易地完成此项目，要想完成此项目，必须依靠团队的力量。

2. 提高团队协作意识

俗话说，团结就是力量，这力量是铁，这力量是钢。团队协作意识是团队取得胜利的关键。团队协作意识指团队中的个人为达到既定目标表现出来的自愿合作、协同努力的精神。在户外拓展训练的项目中，例如在执行“驿站传书”“雷阵”等项目的时候，只有依靠集体的力量，相信集体的智慧，充分发挥团队协作的优势，才能克服一个个困难，一步步迈向最终的目标，激发每个人的团队协作意识。在众多项目中，“齐心协力（大脚板）”最能够培养受训者的团队协作意识，此项目要求每个人抬脚和踩下去的时机相似或相同，要求团队成员之间有较高的默契。团体项目取得成功需要集体中各成员服从统一的安排，有全局观念、合作意识，并怀着必胜的信念积极投入到各种项目中。

3. 增强队员间的信任感

户外拓展训练能够有效增强队员之间的信任感、默契度，使每个人充分地将智慧、才能贡献给团队。以“破冰”项目为例，破冰游戏需要打破严冬厚厚的冰层，打破人际交往间的怀疑、猜忌，拆毁疏远的篱笆，在游戏中将自己完全交给队友，使队友间在短时间内获得极大的信任。“信任背摔”项目教会人们“信任”还有“责任”，要学会相信自己，相信别人。身处高处的人，面对背后未知的危险，需要把自己的安全放心地交给同伴，做到信任队友；对于保护他人的人，需要承担起救护他人的责任，对得起别人的信任，保证队友的生命安全。

未来社会将会是一个竞争激烈的社会，在激烈的竞争中，只有具备较强的团队合作意识和能力才能获得学业、事业的成功。因此，每个人都需要重视自身团队意识的培养。

（五）引导良好的社会风气，促进社会和谐发展

人们怀着“积极”或“消极”的态度度过自己的闲暇时光。人们在闲暇时光中容易“闲而生危”。有相关调查结果表明，青少年犯罪者从事的90%的犯罪行为发生于青少年百无聊赖、无所事事的状态。文明、健康的休闲体育方式象征着健康的现代化生活，是广大社会成员释放生活压力、宣泄心中苦闷的一个安全出口，在一定程度上，能够帮助改善不良的生活习惯，抵制精神污染，减少赌博、暴力等一系列犯罪行为的发生，从而引导良好的社会风气，促进社会安定和谐。

在闲暇时间与家人一起参加户外拓展训练、休闲体育活动，不仅可以强身健体，而且能够活跃家庭的氛围，调节家庭成员的生活节奏，增加家中成员的凝聚力，使每一个小家团结和睦，整个社会大家和谐稳定。

第三节　户外拓展训练基本常识

一、户外拓展训练项目的分类

户外拓展训练项目是在拓展训练的过程中，为了达到具体的训练目标而设计的活动或游戏。目前，户外拓展训练已经包含几十个项目，可以按照不同要素分成不同的类型。

（一）按照训练场所分类

按照训练场所进行分类，户外拓展训练可以分为三种类型：场地项目、水上项目、野外项目。

1. 场地项目

场地项目指利用多种训练设施，在专门的训练场地上开展的体验式项目。常见的场地项目有“缅甸桥”“生死电网”等。

2. 水上项目

水上项目特指一些在水面上开展的、利用水面才可以实施的项目。常见的水上项目有帆船航海、扎筏、游泳、跳水、划艇等。但是由于受到天气和其他条件的限制，水上项目一般很少采用。

3. 野外项目

野外项目指在山野等环境中设计的项目，常见的野外项目有徒步穿越、定向越野、远足露营等。野外项目一般有两种形式：一种是自然体验，另一种是团队竞赛。由于野外项目需要在野外环境中开展，条件自然比较艰苦，项目设计的难度也相对更大，不确定因素更多。野外项目尤其需要注意安全问题。

（二）按照参与人数分类

按照参与人数进行分类，户外拓展训练可以分为四种类型：个人挑战项目、双人合作项目、团队合作项目、多团队合作/竞赛项目。

1. 个人挑战项目

个人挑战项目要求学员独自完成，对人的心理素质、意志力、心态等方面提出了较高的要求。常见的个人挑战项目有断桥、攀岩等。

2. 双人合作项目

双人合作项目要求两个学员为一个小组，相互合作共同完成任务。常见的双人挑战项目有“相依为命”“天梯”等。

3. 团队合作项目

团队合作项目指需要团队中所有成员共同完成的项目。此项目重在提高团队的整体作战能力，常见的团队合作项目有“求生”“孤岛求渡”“七巧板”等。

4. 多团队合作/竞赛项目

多团队合作/竞赛项目指需要所有团队共同完成一个任务的项目，或是团队之间以各种形式进行竞赛的一种项目。常见的多团队合作/竞赛项目有真人CS对抗等。

二、户外拓展训练模式

（一）户外拓展训练准备

1. 了解户外拓展训练对象

参与户外拓展训练的各对象有着不同的目的。不同的参训群体有不同的特征，不同的学员在培训活动中的表现不尽相同，即使是同在一家公司的不同员工群体，也会有不同的差别。因此，在参加户外拓展训练前对参训群体进行前期分析十分重要，直接影响到课程设计的优劣以及其后的一系列环节，直接影响训练的效果。类似于不同公司拥有不同的管理风格、目标导向，户外拓展训练的项目对于结果的要求也有所差别。

培训机构必须怀着一种负责的态度，全面了解准备前来参训团体的行业特征以及他们想要的培训结果，对训练的效果负责。

2. 了解拓展教师的角色

拓展训练“从做中学”的宗旨淡化了拓展教师（又被称为培训师）的教育功能，他们不仅仅是旁观者，也是活动的参与者，与学员一起分享活动过程中的心得体验。

虽然淡化了拓展教师“教”的职能，但其有更重要的身份，即成为身兼数职的“总导演”，担任起活动的策划者、场景的布置者、气氛的制造者、安全的监督者、流程的疏导者、矛盾的化解者、知识的提升者等多项职能。拓展教师是整个拓展训练活动的推动者，而活动的真正主体是每位学员。在整个拓展培训的过程中，培训师需要注意避免居高临下式的灌输，而是做到交流与倾听并举，让学员能够畅所欲言。

优秀的拓展教师通常具有充足的知识、丰富的阅历、清晰的思路、适度的幽默，最为重要的是，拥有耐心和足够细心。

3. 构建户外拓展训练方案

认真调查分析参与训练群体的特征与需求，构建出尽可能满足受训者要求、最能表现出训练结果的方案。

构建户外拓展训练方案时，需要注意以下几点。

（1）重点关注整个团队的学习目标，使课程项目设计具有较强的针对性。

（2）如果学员人数较多，拓展教师需要根据此次培训目的，将学员分成多个小组。对于需要几个小组（队）同时开展训练的情况，开始的分组也至关重要。

应与委托方就如何分组问题进行充分的前期沟通，或是在学校班集体集合前做好分组准备。最好不要让学员自行选择队友、组建团队，这种做法极易使得相互熟悉的人总是待在同一个组。拓展教师需要充分发挥个人的组织能力，采用多种组织技巧，鼓励整体的融合，而不仅仅是小团体成员之间的亲密关系。合理的分组，对团队人员进行科学的组织安排，甚至可以使往日的仇敌成为伙伴。

（3）主要的活动项目要有相同的基调，注意不同项目与场地的轮换顺序。

（4）设计方案时，必须提前了解拓展教师对于课程顺序的偏好与调节能力。

（5）关注训练方案的程序设计。各程序中，比较理想的顺序是：首先开展“破冰课”，介绍拓展训练的常识、学习目的等，之后安排一个小型项目，让学员初次体会“体验式学习”的独特性。接下来，安排一些可以消除拘谨的项目，释放学员天性，鼓励小组（队）成员突破常规，尽快让小队成员彼此熟悉起来。“破冰课”中的许多小活动能够在很短的时间内打破人与人之间的“坚冰”,在一定程度上消除拓展教师与学员之间、学员与学员之间的隔阂。

4. 布置场地

场地布置指根据户外拓展训练活动项目的具体内容和特点，充分利用活动环境条件，准确布置活动器材，保证活动项目的实际实施具有真实性。拓展教师在布课时生动地描述相关情境，也能提升活动项目的真实性。

为了保证课程的连续性，避免浪费不必要的时间，应该在训练课程开始前布置好课程用具，不要当着学员的面布置、检查器械，以免“泄露机密”。拓展训练课程常见一些特殊道具，例如，会让学员戴上一个“眼罩”，以表现黑夜的环境或受伤后无法明视的模拟情况，使学员更真切地体验当时的状况，有身临其境的感觉。这时，眼罩的使用时间、使用时机对于完成任务十分重要。

有些户外拓展训练项目本身难度较大，学员极易在过程中出错，又要求学员保证任务完成的质量，在过程中尽量做到精细。此时，所选用的器械、道具就显得尤为重要了。例如，在鸡蛋保卫战、孤岛求生训练项目中，鸡蛋作为一种道具必须是生的，只有这样，才能在鸡蛋破裂的瞬间感受到真实的失败感。我们如果随意改变器材道具，就有可能使课程产生偏差，达不到应有的效果。

当然，无论拓展教师采用何种方式布课，若学员挑战不成功，都会有学员认为是拓展教师当时没说清。因此，拓展教师应该清楚记得自己在布课时说过什么，并在之后的回顾中提供正确的引导。

5. 设计班前会、晨练

（1）班前会。在开展具体的拓展训练项目之前，召开的准备会议被称为“班前会”。班前会在原则上需要做到简单明确、责任到人，用最短的时间安排好最重要的事情。班前会时间不宜过长，因为需要保证拓展教师在训练前有充足的睡眠，只有这样，他们才能以饱满的精神状态投入到培训项目之中，关注每一位学员的安全。

班前会至少需要涉及三个方面的内容。

①带队的拓展教师需要与项目负责人沟通参训单位的基本情况、培训需求以及设计的项目内容和项目安排。保证双方明确此次训练项目的任务和目标。

②根据参训学员的实际情况制定训练课课表、分配工作任务，确定带晨练、带活动操等各种项目的拓展教师，保证每位教师明确自己的职责。

③项目负责人提出工作要求，提醒各位拓展教师保持高度警惕，并强调教师的敬业精神和需要注意的安全问题，千万不能抱有侥幸心理。

（2）晨练。晨练与整个培训内容高度相关，在整个训练过程中有十分重要的作用。拓展教师需要时刻向学员们传递这样一个信息：要随时随地为团队贡献力量。因此，晨练一般包含团队建设的相关内容。

通常情况下，晨练包含两个阶段：一是充分活动身体，二是游戏或竞赛活动。

教练应该先带领学员做关节活动操，待身体活动开后，再遵循“慢—快—慢”的原则去跑步。跑步结束后，学员有3~5分钟的自由活动时间。之后拓展教师告诉每一位队长具体项目的竞赛规则，可以给每个队发一张规则卡片，防止队长出现听不懂、记不住的情况。

晨练活动的开展应当注意以下几个方面的内容。

①待身体活动开后，最好做些带有竞赛性质的、有助于团队建设的游戏或活动，充分调动学员的热情，激发学员的集体荣誉感。常见的活动有唱队歌、喊队训等。

②选择游戏时，要注意选择一些学员能够广泛参与的项目，最好不要出现有的人在动，有的人在看的情况。

③晨练不是体能训练、魔鬼训练，晨练的强度应该适宜。这样做是出于两方面的原因：一是强度过大的晨练容易引起学员的疲劳，从而影响正常的训练；二是晨练强度过大可能会发生安全事故。若在野外或不熟悉的地方晨练，需要培训师全程参与。

④晨练必须遵守晨练活动的规则。晨练需要早起，然而有些学员可能并不情愿，就常常迟到。这时，培训师必须按照制定的规则和相应的惩罚措施惩罚迟到的学员或团体中的每位学员。这样，各位队长就会因为担心受罚，挨门挨户叫队员起床，保证晨练的纪律。

⑤晨练的时间控制在30 ~ 35分钟。若早餐的时间规定为7点，那么晨练的时间最好定为6点20分。

（二）户外拓展训练的五大环节

户外拓展训练作为一种体验式学习，旨在激发个人潜能和企业活力。此种学习方式“体验先于知识”，收获的知识完全来自于实际的户外体验，需要受训者自己去发现、归纳在体验中获得的。主要包括循环往复的5大环节。

1. 体验

作为整个训练过程的基础和开端，受训者开始以观察、表达和行动的形式投入一项活动。

2. 分享

受训者与其他人（通常是体验过或观察过相同或类似活动的人）分享个人感受或观察到的结果。

3. 交流

受训者不仅需要简单分享个人感受，还需要与其他参与者探讨、交流自己的内在生活模式。

4. 整合

从众多的分享交流中总结归纳出有适普性的原则，整合这些原则，以帮助受训者进一步体会在体验中获得的收获。

5. 应用

将拓展训练中的体验应用在日常的工作、生活中，而应用本身又成为一种新的体验。拓展训练的环节从头开始，循环往复，受训者可以在不断的循环中得到进步。

三、户外拓展训练场地与器材设备

户外拓展训练的场地和设施至关重要，不同的项目需要在不同的场地上开展，使用不同的器材设备。与此同时，合理利用场地、器材设备，能够有效地提升训练的效果。接下来，重点介绍和分析户外拓展训练的场地和器材设备。

（一）户外拓展训练场地

1. 野外拓展训练场地

野外拓展场地处于自然环境中，环境复杂多变，难以控制，容易遇到突发情况。因此，适合接受过一定专业训练或有专业教练组织与带领的人参加。一般情况下，在多变的自然环境中，参与者更能体验到户外拓展训练的激情与乐趣。

在参与野外拓展训练前，组织者需要做好各项准备，在活动前的一周密切关注天气情况，对场地进行细致的考察，制定好各种应急方案。只有熟悉过场地后，才能开始正式的训练。

2. 人工拓展训练场地

施工人员按照拓展训练课程的理念，设计符合要求的活动，并依据具体的活动要求布置与搭建人工拓展训练场地。人工拓展训练场地需要经过严格的审查，做到设计合理、用料考究、施工仔细、安全耐用。

由于在人工拓展训练场上组织与实施训练较为容易、方便，因此，我国大多数的户外拓展训练都是在人工拓展训练场地上进行的。

3. 自然环境与人造环境相结合的拓展训练场地

目前，自然环境与人造环境相结合的拓展训练场地受到人们的追捧。这种场地充分利用了原有的自然环境，在不破坏场地原貌的情况下，对某一部分环境进行人为的改造，使之适合开展某种户外拓展训练。例如，利用大坝做沿绳下降等。在这种场地开展拓展训练，需要避免活动期间受周边人群的干扰，保证训练场地具有较强的抗干扰性。

（二）户外拓展训练器材设备

接下来介绍几种常见的户外拓展训练器材设备。

1. 头盔

户外拓展训练项目中有许多高空项目需要佩戴头盔。户外拓展训练中使用的头盔比普通的头盔更具安全性、舒适性、透气性。

CE（欧洲联盟）和UIAA（国际登山权威机构）要求市面上销售的头盔符合以下四项标准。

（1）通过锐物穿透试验。一个重达3千克的尖头锥状体从2米的高度自由下落，头盔能够承受住至少一次的冲击，没有严重的损害。

（2）通过正冲击试验。一个半径5厘米的重达5千克物体从2米高下落，佩戴头盔的假人颈部承受的冲击力小于8千牛顿（UIAA的标准）或10千牛顿（CE的标准）。

（3）通过侧冲击试验。钝头重物从不同方向（前方、后方、两个侧方）50厘米的高处砸向假人，佩戴头盔的假人颈部承受的冲击力小于8千牛顿（UIAA的标准）或10千牛顿（CE的标准）。

（4）通过稳定性试验。重达10千克的物体从前方、后方分别砸向假人，最后头盔仍戴在假人头上，没有严重移位或掉落。

2. 绳索

在户外拓展训练中，绳索常常能有效保护个体安全，为个体的上升、下降、跳跃等活动提供安全保障。静力绳、动力绳、保护绳等器材设备都十分常见。

3. 保护器具

参与者在户外拓展训练中常常需要进行上升、下降、背摔等一系列危险操作，活动过程中需要一定的安全保护，佩戴保护器具。保护器具种类繁多，常见的保护器具有以下几种。

（1）8字环。8字环常用于高空项目中，可以称得上是最常用的保护器材。学员在高空中进行跳跃、通过、上升、下降的操作时，通过主绳的连接，在地面给予保护。8字环在实际使用过程中应尽量避免绳的拧转。

（2）保护垫。保护垫通常包括海绵保护垫和保护地垫两种。其中，求生项目中使用的海绵垫对厚度、大小等有明确的规定，厚度不得小于0.3米，大小不得小于2米×3米，并且在使用海绵垫时，缝隙应该向下。背摔、电网等项目中使用的塑胶垫必须由带有一定弹性的塑胶或海绵制作而成，大小不得小于1.5米×2.5米。

（3）水上救生衣。凡是参与水上项目（包括在水面以上高空进行的绳桥、飞降等项目），参与者均需全程穿戴救生衣。户外拓展训练中的受训者和教练通常穿戴半身式救生衣，救生衣应符合具体的国家标准。

四、户外拓展训练注意事项

开展户外拓展训练一定要注意以下几点。

（一）健康检查合格

根据拓展项目的具体特点，在拓展训练开始之前，对受训者进行健康检查，避免患有先天心脏病、癫痫病、精神病、脑溢血、白血病、孕妇以及医生叮嘱不适合做剧烈运动的人参与到较为危险的训练项目之中。若队伍中有身体状况不好的队员，需要及时告知领队或拓展教师，视情况考虑是否允许队员参与拓展训练活动。

（二）服装、装备符合要求

受训者需要根据规定配备合适的服装和装备。通常情况下，受训者需要穿着宽松的运动服装，携带冲锋衣、速干衣、休闲服、运动服、运动鞋、登山鞋等。女士严禁穿丝袜、高跟鞋。

（三）训练全程遵守纪律，听从指挥

受训者需要在训练全程听从教练的安排，遵守团队纪律，参与集体行动，团结友爱，互相照顾，不允许在没有得到领队、负责人同意的情况下，擅自离开团队。进入户外基地后，任何人在没有教练的许可下，不得私自攀爬拓展设施，禁止进入高空区。

（四）爱护户外环境

户外活动中产生的垃圾一律带离，烟头要完全熄灭后方可带离。禁止采摘林中植物，在田间行走时，避开庄稼等农作物。

（五）携带必备药品、防晒品等

为防止在户外拓展训练中中暑，防晒品必不可少，受训者可以携带遮阳帽、防晒服、湿毛巾、矿泉水等。最好再带些必备药品，如藿香正气水、清凉油等。

（六）科学安排休息

户外拓展训练活动体力消耗大，刚一活动完就立马躺下休息，是一个错误的方式。在剧烈运动后，应该尽量放慢脚步，缓慢行走，给身体一个缓冲的时间。另外切记，刚运动完大汗淋漓时不要直对着空调吹，等身体温度降下来后，再开空调。

第四节　户外拓展训练溯源与发展

一、户外拓展训练在国外的起源与发展

（一）户外拓展训练在国外的起源

户外拓展训练起源于第二次世界大战，在二战期间，盟军组建了一支包含几十条船在内的商务船队，专门向前线输送补给物资，但此船队受到德军“海狼”潜艇集群的拦截，商务船队遭受严重的袭击，船上的许多船员因此牺牲。但是也有一些在屡次灾难面前存活下来的船员，这些船员激起了教育学家、心理学家、社会学家的兴趣，专家们对这些生还者进行调查研究，发现这些人之所以能够存活下来，不仅是因为他们具有良好的体能、身体素质，更重要的是他们具有良好的心理素质，意志坚强，有强烈的求生欲望、个人责任感，并且善于与他人合作，具有较为丰富的生活经验。遇到灾难时，许多船员丧失了生活的信心，抱怨自己悲惨的命运、不幸的人生，缺乏了面对困难、战胜困难的勇气与决心，最终丧失了宝贵的生命。而幸存者在面对灾难时，首先想的是“我一定要活下去”，同时让自己冷静下来，寻找对策。过硬的心理素质、基本的求生技能以及团队合作精神帮助这些幸存者克服重重困难，在灾难面前成为少数“幸运儿”。

德国著名的教育学家库尔特·哈恩致力于海员幸存者的研究，并与劳伦斯·霍尔特（劳伦斯·霍尔特是一家著名的船业公司的老板，十分认同库尔特·哈恩的想法、理念）一起，在英国的威尔士创建了第一所“Outward Bound school”学校，这是全球第一所专门的拓展训练学校。学校开展以海上危机为主的训练，训练年轻海员在海上或船触礁时的生存技巧，提升年轻船员在海上的生存能力。

（二）户外拓展训练在国外的发展

第二次世界大战结束后，“Outward Bound school”这所学校的功能日渐

退化，但许多教育家、组织行为学家从这所学校受到了启发。

户外拓展训练在不同阶段得到了不断发展。20世纪40年代的Outward Bound（OB）课程，主要针对获取生存技巧。20世纪70年代的Project Adventure（PA）课程，开创了一种新颖的主题式冒险课程，改良了一些户外冒险性活动，使之成为能够用很少的教具在场地里活动的课程。90年代的Problem BaseLearning（PBL）课程，是一种以问题为本的学习课程。这三个课程既是三个相对独立的训练课程，又可以看成是户外拓展训练的三个重要发展阶段。

其实，国外没有"户外拓展训练"这一名词，"户外拓展训练"是我国国人对国外一些户外体验课程的命名。国外的"Outward Bound"训练课程最有影响力，也最受欢迎。"Outward Bound"一词可以直译为"出海的船"，是船在出发离港前召唤船员的信号。现在"Outward Bound"一词代指一种学习方式，在OB教育领域被诠释为"一艘小船离开安全的港湾，在狂风暴雨中驶向波涛汹涌的大海，迎接未知的挑战。"

目前，社会正处于快速的发展变革时期，许多管理者在面对快节奏的工作生活、复杂的人际关系时，会产生情绪焦虑、精神压抑等一系列问题，以至于一些人受不了巨大的压力做出极端的举动，为个人、企业、整个社会带来危害。英国首先依据具体的社会特点，建立起以管理者和企业人为对象，提升其心理适应能力与管理技能的培训学校。这些学校里开展的拓展训练，因其具有独特的创意与新颖的训练方式，受到人们的广泛关注。训练的对象面向全体社会成员，例如，军人、学生等团体。训练的目标也有所扩大，从单一的体能、生存训练扩大到心理训练、人格训练等。后来，又出现了"Outward Bound"管理培训，培训机构通过对真实情景的模拟，提升管理者和企业家的心理素质。

二、户外拓展训练在我国的起源与发展

（一）户外拓展训练在我国的起源

户外拓展训练同样属于"舶来品"，二战结束后就已经在国外流行的拓

展训练直到1946年才走进我国。欧美盛行的Outward Bound（简称OB）教学模式促进了户外拓展训练在我国的诞生。1970年，我国香港地区成立了香港外展训练学校，在此机构中，Outward Bound被称为“外展训练”。受此译文和此机构的影响，1994年，刘力在北京创办了国内第一所专业体验式培训机构——北京拓展训练学校，从此诞生了“拓展训练”这一名词。户外拓展训练这一名词的诞生，体现了我国对外国体验式教育的本土化认知。但是从本质上来说，Outward Bound教学模式与我国的户外拓展训练存在着一定的区别。

（二）户外拓展训练在我国的发展

在国外众多课程理念的影响下，我国的户外拓展训练形成了具有中国特色的体验模式。由于当初引入者的睿智，“拓展训练”在我国不仅仅代表一种课程模式，更起到了时尚与培训风向标的作用。

户外运动、户外拓展训练自20世纪80年代传入我国后，得到快速的发展，全国各地纷纷举办户外运动协会，开展各种类型的拓展训练。随着经济的迅速发展，传统的体育运动项目、健身活动已经不能满足人们日益增长的需求，户外运动以及户外运动拓展项目受到越来越多人的喜爱，日渐成为人们首选的休闲娱乐方式之一。

从20世纪90年代起，户外拓展训练在我国逐渐壮大、迅速发展，许多培训公司、学校、咨询公司、旅行社、户外运动俱乐部等组织机构开设相关活动和专业课程，使人们对户外拓展训练的认知变得多样化，户外拓展训练逐渐成为探险旅游、生存训练、户外游戏等的代名词。在我国，户外拓展训练常作为一种体验式学习的模式，很多人将其等同于“户外体验式培训”，实际上，户外拓展训练仅仅是户外体验式教育的一部分。

目前，户外拓展训练已被人们熟知，拓展训练在南方各大城市中已经十分常见，成为一种走入广大中小学、中外企业、政府部门的培训课程，成为人们在闲暇时间锻炼自我、展示自我、挑战自我的重要方式，许多学生在假期期间都会选择参加以户外拓展训练为主题的夏令营或冬令营，可见户外拓展训练在我国的受欢迎程度。

第二章

户外拓展训练之多元学科理论阐述

户外拓展训练以体能活动为导引，以心理挑战为重点，以完善人格为目的。在体能活动和心里挑战的过程中，离不开相关学科理论知识的指导，在多元学科理论的科学指导下组织和参与户外拓展训练实践，有助于提高户外拓展训练的科学性、安全性及有效性，从而能够更好地实现完善人格的目的。本章主要对户外拓展训练多学科理论展开阐述，主要包括运动生理学理论、运动心理学理论以及运动训练学理论。

第一节　户外拓展训练的运动生理学基础

一、能量来源

在运动过程中完成身体练习需要基本的力量投入，而力量又源于能量支撑。不管是日常锻炼，运动训练还是参加比赛，只要是身体活动，就都必须具备充足的能量，这是先决条件。人体活动所需能量主要通过三种方式供应，分别是磷酸原系统（ATP–PC）供能、糖酵解系统供能和氧化系统供能，如图2–1所示。

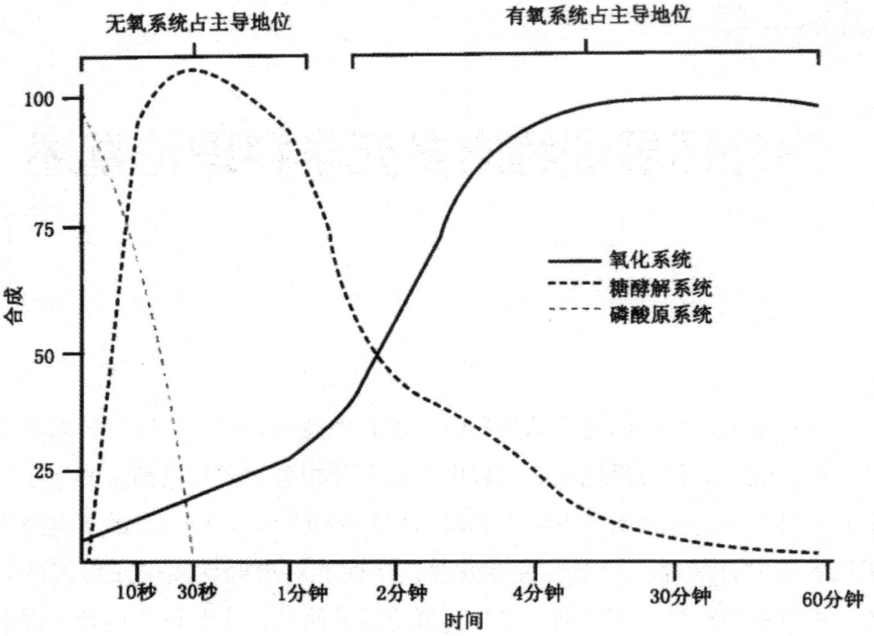

图2–1 运动能量来源①

（一）磷酸原系统（ATP–PC）

由于只有少部分的三磷酸腺苷储存在骨骼肌中，当运动强度很大时，骨骼肌中的能量在很短时间内就会完全消耗完，磷酸肌酸也会快速下降到原来的一半左右，若运动强度极大，则可能会完全消耗机体能量。在运动开始后前2秒内，磷酸肌酸供应的三磷酸腺苷最多，到第10秒时供应能力下降一半，到第30秒，供应能力越来越弱。当磷酸肌酸分解三磷酸腺苷的量变少，供能能力下降时，糖酵解系统供能的作用逐渐突显。

① 杨桦，李宗浩，池建.运动训练学导论[M].北京：北京体育大学出版社，2007.

在运动强度达到极限（短时间极限运动）的训练中，能量主要来源于磷酸原系统。磷酸原系统为机体供应能量的同时也在快速补充能量（三磷酸腺苷和磷酸肌酸），恢复供能能力。一般情况下，三磷酸腺苷在运动后半分钟就能恢复一半以上，运动后5分钟左右可以完全恢复。相对来说，磷酸肌酸的恢复时间比三磷酸腺苷要长，一般完全恢复需要8分钟。有氧代谢是磷酸原系统恢复供能能力的主要方式，此外部分储备的恢复主要来自于糖酵解系统。

（二）糖酵解系统

在很多运动中，运动者机体所需能量均来自于糖酵解系统，糖酵解系统持续的时间比磷酸原系统长一些。利用血糖和肌糖原生成三磷酸腺苷是糖酵解系统供能的主要方式。在运动初始阶段，糖酵解系统的供能方式是通过快速糖酵解来供给三磷酸腺苷，当运动时间持续两分钟后，糖酵解系统的供能方式是通过慢速糖酵解来供给三磷酸腺苷。快速糖酵解会生成乳酸，进而向乳酸盐转化。当糖酵解反应快速发生时，会影响机体将乳酸向乳酸盐转化的能力，这样就会使体内堆积乳酸，造成疲劳，影响运动顺利进行。在高强度、重复多、间歇短的运动中常常出现乳酸堆积的现象，这就对能量供给的速度提出了较高的要求。

运动持续一定时间后，快速糖酵解供应三磷酸腺苷转变为慢速糖酵解供应三磷酸腺苷。理论上而言，为了控制乳酸堆积，要适当降低运动强度，控制糖原和葡萄糖分解速度，机体适当缓冲由乳酸向乳酸盐转化的过程，促进丙酮酸的形成，而后进入线粒体的丙酮酸在氧化代谢中发挥重要作用。乳酸生成乳酸盐后，部分进入肝脏向葡萄糖转化，部分进入活性组织内（骨骼肌和心肌等）向丙酸酮转化，然后在氧化代谢中发挥作用。

运动者膳食中糖的含量直接关系着机体内糖原的可利用量。如果膳食中糖的含量少，就会减少机体储备的肌糖原的含量，从而对运动者的运动能力造成影响。在户外拓展训练中，运动强度和运动持续时间决定了运动者需要使用的糖原量。糖原在肝脏、肌肉中的储备量会受到运动性质、运动方式以及运动时间的影响。所以在户外拓展训练中，关于糖原再合成的问题尤其是合成的时间问题是指导者和参与者都要重点关注的问题。如果参与者体内肌糖原消耗后补充不及时，就会严重削弱身体活动能力，影响肌肉理论，使肌肉无法正常工作。

当一次拓展训练课结束后，通常需要一天左右的时间才能完全恢复肌糖原。若拓展训练中发生肌肉损伤，或训练结束后膳食中缺少必需的糖，那么肌糖原需要更长的时间才能恢复。

（三）有氧供能系统

有氧供能系统也是利用肌糖原和血糖生成三磷酸腺苷来供应能量的，这是其与糖酵解系统相似的地方。不同的是，糖酵解系统在无氧状态下供能，而有氧供能系统是在有氧状态下供能。有氧供能系统利用糖原和葡萄糖分解供能，但糖原分解不会产生乳酸，这也是其与快速糖酵解系统不同的地方。另外，有氧供能系统除了通过糖原分解供能外，还能利用蛋白质、脂肪生成三磷酸腺苷来供能。运动者在休息时，脂肪氧化反应为有氧供能系统提供的三磷酸腺占70%，碳水化合物氧化反应为有氧供能系统提供的三磷酸腺占剩余30%，从而促进有氧供能系统中三磷酸腺苷的快速恢复。在以有氧供能为主的运动中，运动强度决定了能量的利用。如果运动强度低，那么机体所需能量主要从脂肪和部分糖的有氧氧化中获得。在较大强度的运动中，糖原消耗增加，糖的有氧氧化产生的三磷酸腺苷成为机体活动的主要能量来源。

二、适应

户外拓展训练具有组织性、计划性，它既是身体体能活动，也是心里挑战活动，在训练过程中以一定的运动负荷去刺激身体和心理，使身心产生应激反应。在大自然中，生物物种要适应生存环境，不适应的终将被淘汰。在运动领域也一样，运动者在运动过程中要不断适应运动负荷，提高身心适应能力。倘若随着运动负荷和运动环境的不断变化，运动者的身心无法适应新的刺激，那么就容易造成运动疲劳、运动损伤，预期的运动目标和运动任务很难完成。

在长期反复的运动实践中，随着运动负荷的变化和运动刺激的增加，运动者身心所产生的所有应激反应反映了身心的适应过程。运动者根据运动目的和需要而进行身体活动，在活动过程中运动负荷、运动频率的调整和变化会在一定程度上改变机体结构，产生运动生理反应，运动者只有不断适应新异刺激，才能逐渐提高体能活动能力，也才能逐渐提高心里挑战能力。如果运动负荷太小或长期没有变化，那么生理变化就不会发生，就谈不上运动适应。相反，如果长期采用超过运动者承受能力的运动负荷去刺激身心，就容易造成过度疲劳和运动损伤。

户外拓展训练中采用的训练方法直接关系着机体的适应情况，在设计和选用训练方法时，要对运动需要、运动技能、主导能量系统的功率予以充分考虑。拓展训练项目的生理难度和心理难度、项目的技术复杂度决定了运动者达到高度适应所需要的时间。训练项目难度和复杂程度越大，人体就需要越长的时间才能达到高度适应。

在拓展训练中要循序渐进地调整训练刺激，逐步增加，促进身体机能和身体活动能力的不断提高，使身心达到高度适应的水平。所以在拓展训练中精心制订训练计划非常关键，只有按照科学计划循序开展训练工作，逐步提升刺激，才能引起身心的积极适应，取得良好的拓展训练效果。

三、超量恢复周期

（一）超量恢复

超量恢复是一项运动定律，同时也是一种训练现象。在运动中要系统考虑运动负荷、生物能量特征及二者的关系，基于对二者关系的正确把握而科学运动，逐步提高适应能力。在一个完整的训练板块中，应该同时具有高强度、中等强度和低强度的运动方式，三者交替进行，尤其是在两次训练的过渡阶段采用不同的训练强度，如此更好地促进身心的恢复，对此，在周期训练中要对两次训练间的恢复时间进行科学安排与合理调整，这是实现超量恢复的重要基础。

将超量恢复定律和原理运用到拓展训练中具有诸多重要意义，具体如下。

（1）帮助人们在高强度拓展训练中更好地应对刺激和处理压力。

（2）帮助拓展训练指导者对具有结构完整的拓展训练系统进行创建。

（3）对拓展训练进行科学规划，训练后采取积极的休闲和恢复方法，使运动者身心很快就恢复到良好状态。

（4）预防过度训练和过度疲劳的发生，使指导员交替安排不同强度的训练内容，取得最佳训练效果。

（5）对有效的生理调节和心理调节方法进行设计与安排。

拓展训练中运动者疲劳的积累与其在训练中出现的急性生理反应有关，疲劳积累影响体内平衡（图2–2），并降低身体机能能力。训练结束后，机体又重新恢复之前的正常状态，这其中包含一个恢复的时期。机体要经过渐进的缓慢的过程才能恢复到正常的平衡状态，这个时间的长短与训练强度及引起疲劳的程度有关。训练强度大，但间歇时间适宜，那么很快就能恢复到平衡状态，达到超量恢复的效果。但如果运动强度大，间歇短，疲劳程度严重，那么恢复平衡状态的时间就会延长。

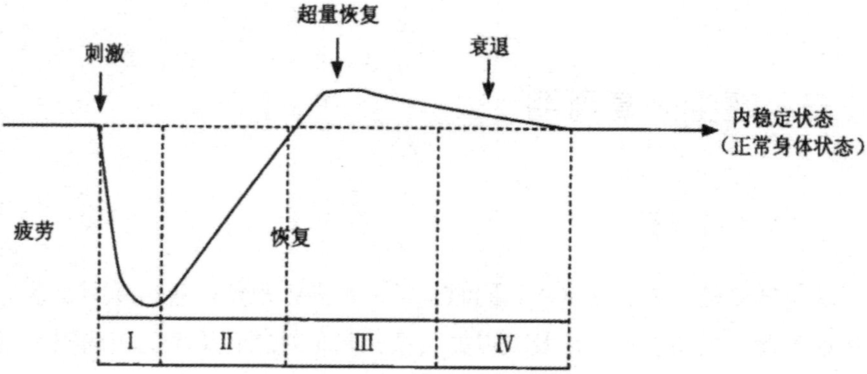

图2–2　超量恢复周期[1]

①（美）图德·邦帕，（美）格雷戈里·哈夫著，李少丹，李艳翎译.周期运动训练理论与方法[M].北京：北京体育大学出版社，2011.

超量恢复的结果是，会有一个新的、更高水平的平衡状态出现，从而对后面的运动和训练产生积极影响，实现运动效率的功能性增加，而这都是以超量恢复作为基础的，超量恢复是身体对训练刺激（负荷）适应和肌肉中糖原储存补给的结果。但若在最终训练阶段没有合理安排训练刺激，或两次训练之间间歇时间不合理，那么之前产生的超量恢复效果就会逐渐衰退，运动能力保持和训练前相同的水平，甚至不及运动前水平。

（二）超量恢复阶段

超量恢复周期有4个阶段（图2–3）。

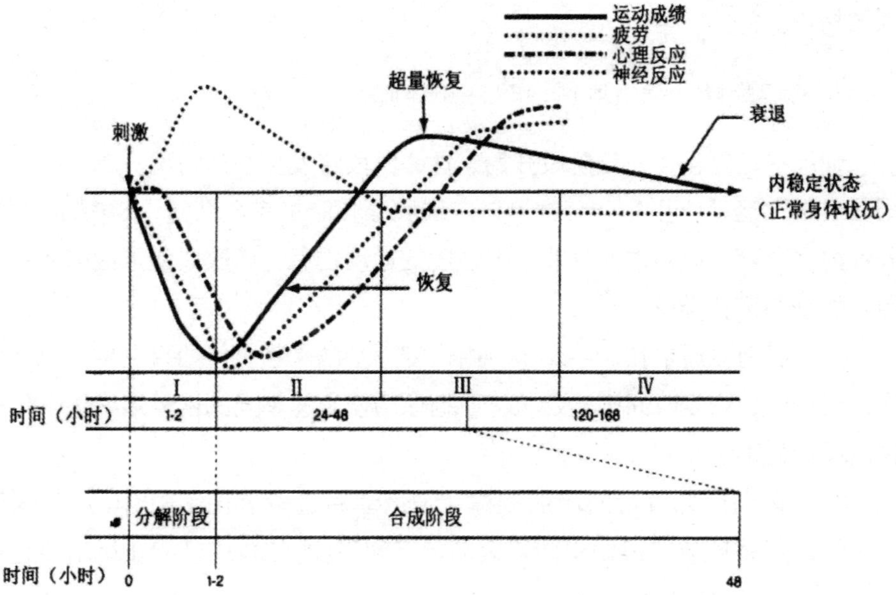

图2–3 训练后的超量恢复反应[①]

---

①（美）图德·邦帕，（美）格雷戈里·哈夫著，李少丹，李艳翎译.周期运动训练理论与方法[M].北京：北京体育大学出版社，2011.

1. 第一阶段（持续时间：1～2小时）

训练后身体会感到疲劳。运动性疲劳是通过中枢神经或外周神经产生的。疲劳是一个多层面的现象，由下列多种因素造成。

（1）肌肉神经中枢的活性降低，这通常与中枢疲劳有关，是机体对训练刺激的反应。

（2）运动性中枢疲劳会提高大脑血清素的水平，从而导致精神疲劳。精神疲劳的积累又会引起对训练的高度不适和对痛苦的忍受意愿。

（3）运动会削弱神经肌肉传递和神经冲动传播路径，削弱肌质网对钙离子的处理能力。酶作用的损耗及其他干扰肌肉收缩过程和运动性外周疲劳等因素相关。

2. 第二阶段（持续时间：24～48小时）

训练一旦停止，恢复阶段开始。这一阶段将发生下列情况。

（1）在运动停止3～5分钟里，三磷酸腺苷储量完全恢复，磷酸肌酸在8分钟内完全再合成。但经过非常大强度的运动之后，磷酸肌酸可能需要15分钟才能全部重新合成。

（2）肌糖原通常在20～24小时内恢复到基础水平。但如果发生了肌肉损伤，肌糖原的恢复时间则会延长。肌糖原的恢复速率受到恢复期间碳水化合物消耗量的影响。

（3）运动后耗氧量的增加被称为“运动后过量氧耗（EPOC）”，这属于正常的运动反应。根据不同的运动形式和强度，EPOC可能在运动停止后24～38个小时内仍保持升高。

3. 第三阶段（持续时间：36～72小时）

这个阶段的特点是竞技能力反弹和超量恢复。

（1）运动后72小时，疼痛感消失，肌肉能力恢复正常水平。

（2）心理超量恢复开始出现，运动员自信心大增、精力充沛、思维活跃、有面对挫折和训练压力的能力。

（3）糖原贮备再次充足，恢复运动状态。

4. 第四阶段（持续时间：3～7天）

如果运动员没有在最佳状态时期（超量恢复阶段）受到其他训练刺激，那么上一次训练所获得的训练效果就会衰退，即在超量恢复阶段获得的生理机能优势将会减退。

最佳的训练刺激之后的恢复阶段，包括超量恢复阶段，大约需要24小时。训练的类型和强度决定了超量恢复的持续期间。例如，在中等强度的有氧耐力训练后，大约6～8小时后可发生超量恢复，而高度依靠中枢神经系统的高强度运动要超过24小时才能发生超量恢复，有时时间长达48小时。

正常执行训练计划的优秀运动者要在未出现超量恢复的情况下进行第二次训练。如图2–4显示，训练次数越频繁，运动能力的提高就越快。当两次训练之间间隔过长时，如每周3次训练（图2–4a），运动能力的提高幅度就比频繁训练（图2–4b）中运动能力提高的幅度小。而当训练间隔时间较短时，必须调整每次训练的强度，这样才能使机体的能量供应很好地满足训练需求。

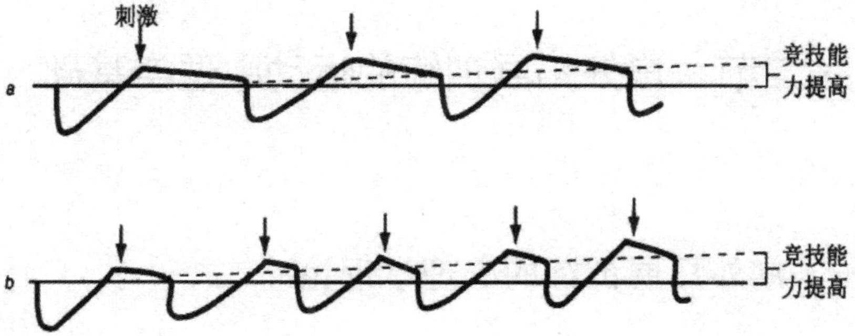

图2–4　整体训练效果①

注：（a）训练间歇较长；（b）训练间歇较短

为了最大限度地挖掘体能活动能力，在拓展训练中要有规律地挑战生理

① （美）图德·邦帕，（美）格雷戈里·哈夫著，李少丹，李艳翎译.周期运动训练理论与方法[M].北京：北京体育大学出版社，2011.

极限，以此来最大限度地挖掘人的适应能力，最终提高其运动水平。这意味着在训练中要交替进行高强度和低强度训练。如果安排合理训练计划，将会促进恢复，并出现超量恢复的效果。当人体适应了一种训练要求后，将会达到一个新层次的生理平衡，这时就需要一种更高水平的训练刺激来继续适应。当人体适应了这种新的、更高水平的训练要求后，又会开始一个新的超量恢复周期（图2-5）。

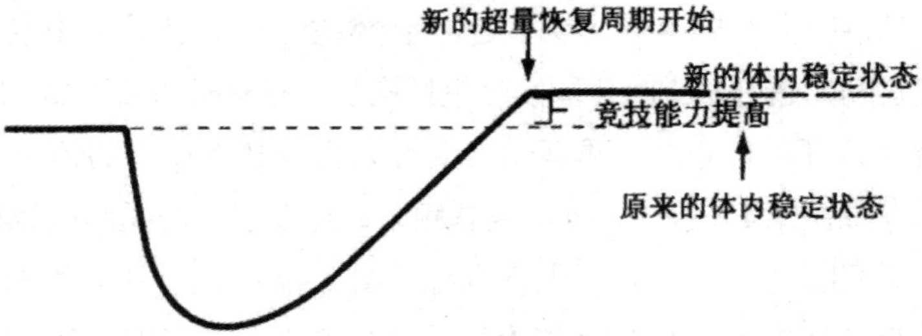

图2-5　新的超量恢复周期的开端[①]

第二节　户外拓展训练的运动心理学基础

一、户外拓展训练的心理学理论

（一）心理定向理论

人在运动前的心理准备状态和运动中的注意指向就是所谓的运动心理定

---

①（美）图德·邦帕，（美）格雷戈里·哈夫著，李少丹，李艳翎译.周期运动训练理论与方法[M]. 北京：北京体育大学出版社，2011.

向。在户外拓展运动中，参与者的行为很大程度上受到其心理定向的影响，最终对训练成绩和效果产生影响。我们要以平常心面对拓展训练和参与拓展训练，运动员也要以平常心态参与运动训练和比赛。要将注意力集中在过程上而非结果上。只有过程令人满意，结果就不会太影响人的心情。拓展训练中参与者的心理素质、精神、意志、人格往往比结果更受他人的关注。

在竞争和对抗类拓展训练中，场上形势无非有三种，分别是势均力敌、敌强我弱、我强敌弱。在对抗过程中，参与者在当前处境下要对过去掌握的知识和技能加以回忆和运用，为后面的结果做最大的努力。可见，在训练过程中要将过去、现在和未来三种时间状态紧紧联系起来。如果人们在竞争中瞻前顾后，心理能量的消耗速度就会加快，从而对最终的结果产生影响。如果参与者思想上总想着如果输了怎么办，这种思想负担会增加其心理压力，使其对结果的期待变成害怕和担心，从而影响其在竞争中的表现，最终结果也难以令人满意。

因此，平常心才是拓展训练中正常的心理定向。在参与拓展训练项目的过程中要以集体为主，充分发挥自己的体能和技能，表现出良好的心理素质，将注意力集中在过程中，不要过多去想最后的结果，这样才有利于产生良好的效果，才能完成挑战或克敌制胜。

（二）态度理论

态度也是一种心理定向，它产生于主体对某一对象的认知、评价和价值判断中。从这一点来看，态度的构成要素包括意向、认知、评价和情感等。态度这种心理定向既可以针对人，也可以针对物，甚至对象不是具体的概念也可以。认知是态度理论中最基础的因素，认知对意向、行为有重要影响。评价与情感是态度理论中最核心的要素，意向的产生离不开情感和评价。一个人的情感反应直接体现在个人态度中，态度是情感的最终表现形式。

（三）目标设定理论

户外拓展训练的目标是带有一定强度的，是方向明确的，是组织者从参与者的实际情况出发而制定的具有针对性和倾向性的特定行为标准。在户外拓展训练中要重视目标设定理论，要设定现实的、具体的、明确的且带有适当难度和挑战性的拓展训练目标。

拓展训练目标设定得是否恰当、合理，直接关系着能否将参与者的身心能量激发出来，能否激起参与者挑战的激情，能否使参与者充满自信接受挑战。

（四）归因理论

归因理论主要指个体出于何种原因而产生这样或那样的心理活动。在心理学中，归因理论是一个非常重要的构成要素，而归因理论的构成要素又包括心理活动的归因、行为归因、预测个体未来行为等。归因理论的主要观点是，从个体的外在行为表现出发而推测其心理活动，从个体以往的行为表现出发而预测其今后在熟悉与不熟悉的情境下分别会产生什么样的行为。归因的出发点是外部行为特征，在此基础上推断和解释与外部行为对应的心理活动，从而了解个体出于什么样的心理而做出这样的行为。这个过程既包括对行为表现的分析，也包括对心理活动的推测，同时还包括对产生该行为的原因的解释。

（五）社会学习理论

社会学习理论是心理学理论的重要组成部分之一，该理论主要指的是个体先从其他社会个体中找到自己的榜样，从而不断学习，使自己的能力逐渐向榜样靠近。可见，社会学习理论的指导性较强，个体在科学指导下对榜样的行为、经验进行效仿与学习，在长期学习和不断努力中取得像榜样一样的成绩。这充分说明社会学系理论认可这样一个观点，即各种成功的行为都有可能从社会个体身上再次发生。

社会学习理论在户外拓展训练中具有重要的理论指导作用。在社会学习理论的科学指导下组织开展户外运动训练有助于使参与者获得更多的收获，提升参与者的自我效能感。

下面从两个方面来进一步理解社会学习理论的指导性。

1. 观察学习

个体学习过程可分为直接经验学习和间接经验学习。直接经验学习是指个体通过具体的实践来获得知识和经验。而间接经验学习大多是通过个体观察和口头传授的方式来获得知识和经验。间接经验学习比直接经验学习更加迅速和便捷。

观察学习是间接经验学习的重要手段之一，可以有效提高学习效率，并能够及时在学习过程和人际交往中获得有效的知识和经验。明确的学习目标还可以提高学生的注意水平，使人的心理和行为都集中在完成学习任务上。在合理目标的指引下，可以培养人们不畏困难和挫折的坚毅品质，使人在困境中依然保持对学习的清醒认识，继续朝预定目标努力。①

2. 自我效能

在社会学习理论中常常会提到自我效能感这个概念。它不是指个体技能水平的高低，而是指个体对自身技能的主观认识。当个体参与拓展训练，面对具有一定挑战性的训练任务时，相信自己的能力可以完成任务，这种自信就是自我效能感的体现。自信是人们参与户外拓展训练和完成拓展任务的基础条件。个体只有对自己有信心，相信自己可以完成任务，达到目标，才能以更加积极、自信的态度参与整个过程，最终才有可能顺利完成挑战，实现预期目标。

二、应激与心理能量

（一）应激

应激是环境要求与自我能力之间失衡而产生的一种生理和心理反应，也有人称之为“焦虑状态的体验”。当人们在拓展训练中感到指导员的要求高于自身能力或比赛对手明显比自己强时，就会产生应激。人们认为训练或比

---

① 李纲，张斌彬，李晓雷.高校户外拓展运动教学与心理拓展实践[M].郑州：黄河水利出版社，2019.

赛的结果越重要，体验到这种应激的感受就越强烈；当人们感到自身能力大大超过了他们需要达到的结果时，就可能产生厌倦状态体验，这是因厌烦的情绪导致的应激状态的表现；如果人们感到自己的能力或技能高于环境要求或主体需要，那么就可能厌倦或产生应激。从图2–6可以看出，当人们认为的需求与自我感知能力之间达到平衡状态时，最有可能出现最佳能量区（“流畅状态”），这是训练中追求的理想状态。

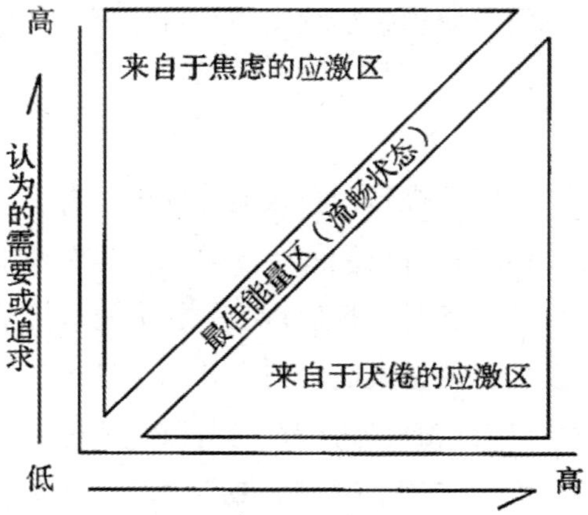

图2–6　焦虑和厌倦之间的最佳能量区[①]

（二）心理能量

美国心理学家马丁提出，“心理能量是心理起作用的能力、活力和强度，是以动机为基础的。心理能量既可以是积极的，也可以是消极的。它与成功时的兴奋、高兴，以及失利的焦虑、生气等不同的情绪反应相联系的。”[②]实践证明，心理能量是心理能力的动力源泉。

---

① 唐征宇.运动心理学[M].上海：上海教育出版社，2018.

② 杨桦，李宗浩，池建.运动训练学导论[M].北京：北京体育大学出版社，2007.

（三）应激与心理能量的关系

研究证明，应激与心理能量是两个独立的维度。如图2-7所示，A区反映了高应激与高心理能量之间的典型线性关系，这个区域中的焦虑和气愤的情绪反应也是一种应激状态，此时心理能量极低；B区反映的是厌倦和疲劳状态。它是一种高应激和低心理能量共存的区域；C区反映的是放松和瞌睡的状态，此时应激和心理能量都不高；D区表示心理能量较高，但是无应激。当运动员处在兴奋和愉快时（流畅状态时），这个区域就会体现出无应激和较高的心理能量。

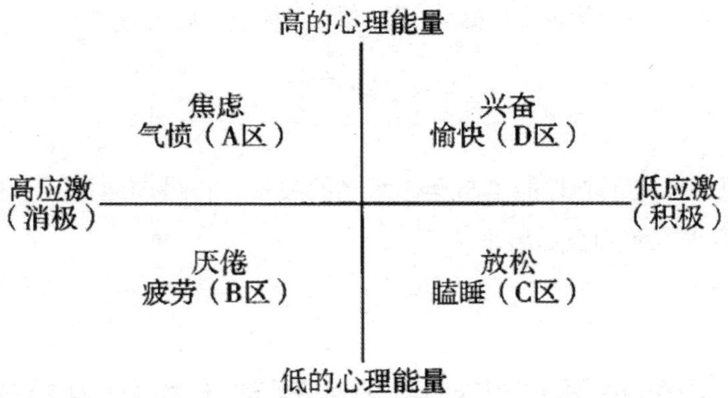

图2-7　心理能量与应激的关系[①]

心理能量变化的研究中有一个著名的“倒U原理”（图2-8）。该原理指出：“当心理能量由低向高增加时，操作水平是逐步升高的。当心理能量达到某一点或一定区域时，操作水平是最高的。如果心理能量再进一步增加，操作水平将下降。操作水平很高的区域称为最佳能量区。”[②]

① 杨桦，李宗浩，池建.运动训练学导论[M].北京：北京体育大学出版社，2007.

② 同上。

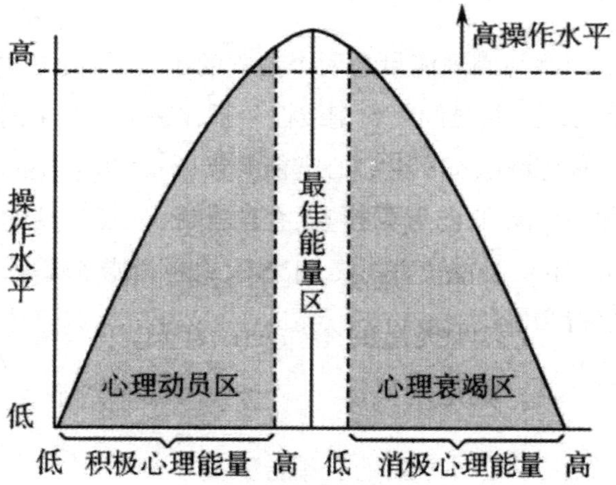

图2-8 倒U原理①

倒U原理反映了心理能量与操作水平的关系，将最佳能量区、心理动员区和心理衰竭区明确表示出来。

三、户外拓展训练对完善心理和人格的积极作用

（一）培养意志力

拓展训练作为一项特殊的体能活动和心理挑战活动，具有育人的作用，它通过培养情感、意志、毅力、信念而实现育人目标。在拓展训练中，通过设定带有挑战性的任务和目标，激发人们的参与兴趣和活动欲望，提升他们对活动的决心，培养其不怕困难、不怕失败的意志品质和顽强毅力。而只有人们身体力行，全身心投入拓展训练，才能实现意志力的提升，如在疲劳时咬紧牙关，坚持到底；遇到困难时坚韧不拔，持之以恒；失败时不气馁，顽

① 杨桦，李宗浩，池建.运动训练学导论[M].北京：北京体育大学出版社，2007.

强拼搏；胜利时不骄傲自满，冷静对待。

（二）发展个性

人们参与各种各样的拓展训练项目，首先必须学会尊重别人，尊重自己，建立正确的道德观，养成良好道德风尚。

通过组织开展拓展训练而培养人自尊自爱、自强不息的精神时，要遵循培养对象身心发展的客观规律，从参与主体出发，充分发挥其特长，重视参与的主动性和能动性，挖掘个体潜能，发展个性品质，强调民主合作，从而促进个性发展。

拓展训练对个性发展的作用主要体现在以下三个方面。

1. 有助于克服个性缺陷

拓展训练需要体力、智力、行为与情感的参与，要求人们有良好的体能与技能。因此，人们每次参与拓展训练都会接近和突破自己的极限。这一过程使得人们在实践过程中有机会发现自己个性中的优秀部分，找到自己的不足，从而采用有效的方式克服缺点。

2. 有助于形成积极向上的个性

人们在自我意识的调整下所表现出的积极、主动、自觉的运动需求是拓展训练活动对参与者个性形成所产生的作用。参与者要在长期努力、持久练习、艰苦磨炼中提高自己的身心素质，形成顾强拼搏、努力进取的精神，这对个性的形成与发展具有重要意义。

3. 有助于约束人的个性

每一位拓展训练的参与者尤其是集体类项目的参与者，都不同程度地接受集体的约束、限制、激励和督促，促使个体适应群体的需要，自觉遵守规则，为集体荣誉而努力。在团队活动中，优异者得到赞扬和激励，反之会得到教训和惩罚。

4. 有助于增强人们的情感体验

拓展训练可以丰富人们的情感要素，激励人们以高度的责任感与同伴合作；以执着的追求去竭尽全力实现目标；以约定俗成的道德规范自身行为；以复杂而快速的转移感领略成功的欢欣和失败的痛苦。拓展训练带给人们的情感体验复杂多样，也满足了人们的多元情感需求。[①]

（三）提升凝聚力，培养良好行为习惯

拓展训练是健康文明的新兴活动方式，它是在特定规则的约束下严格组织与开展的。参与拓展训练的人在价值取向上具有共同点，而参与集体项目的人更是紧密团结，凝聚在一起为集体荣誉和利益而努力拼搏，具有很强的群体意识和集体主义精神。

拓展训练中涉及的规则和行为规范都是比较严格的，参与者要遵守规则和纪律，要尊重他人，要有分辨是非黑白的能力。对好的、对的行为要持支持与鼓励的态度，而对坏的、错的行为要予以批评，并以身作则，主动摒弃。可见，拓展训练中的规则与纪律对人们的思想和行为产生了一种约束性作用，提升了人们的纪律意识和道德意识，对培养人的人格精神、团结意识以及规范人的行为具有重要意义。

（四）增进交流

户外拓展运动是一种新颖而特殊的体育活动。在人们的生活中有各种各样的交流手段，其中体育交流就是一种常见的、简单有效的社会交流方式。户外拓展训练不但有强身健体、锻炼心理素质的功效，还能帮助参与者与他人友好交流，建立良好的友谊。在个体社会参与度的衡量与评价中，也常常将社会体育活动的参与度作为一项重要指标。户外拓展训练对增进交流的作用从下列几方面体现出来。

第一，在户外拓展训练中，参与者要坚持公平竞争的原则，要遵守活动

---

① 周李莉，郭福江，尹亚晶.体育运动训练与健身实践研究[M].北京：人民日报出版社，2016.

规则和要求，所有参与者都是平等的。参与者既要有自尊，又要尊重别人，以诚待人，从而建立和维护良好的社会关系。参与者之间的交流与沟通应该是真诚的，是发自内心的。

第二，户外拓展训练可以对参与者的乐观精神、拼搏精神以及社会责任感进行培养。参与者积极参与拓展项目，努力拼搏，对自己和他人负责，对最终的结果要抱有积极的期待心理。从准备阶段到最终结束，参与者表现出来的精神状态能够感染他人，成为别人效仿的榜样，被他人尊重和认可，并能获得新的友谊。

第三，户外拓展训练是在一定的规则和制度下展开的，在整个训练过程中都要严格遵守规则和贯彻制度要求，这是所有参与者都必须做到的。相关规则和制度对参与者的言行举止及道德人格具有约束和规范的作用，促使参与者言行举止得当，并促进其道德人格的完善，从而有助于促进社会关系的改善，形成融洽的社会氛围，优化社交环境。

（五）提升协作意识

协作是齐心协力、相互配合的意思，在一个集体中，每个成员都要有协作意识，要与他人团结，要最大限度地贡献自己的力量，从而凝聚成巨大的集体力量。在拓展训练尤其是集体类拓展训练项目中，良好的协作意识和能力是团体取得成功的关键，是团体项目的精髓。人们要在集体类的实践活动中不断磨炼才能意识到协作的重要性，才能使协作意识在潜移默化中形成。生活、学习及工作中也需要协作，将在户外拓展训练中形成的高度协作意识运用到日常不同情境下对提高学习和工作效率以及提高生活质量具有重要意义，能够使人们的社会适应能力得到有效提升。

团体类拓展训练项目本身所具有的优势有助于对参与者的协作意识和集体主义精神进行培养。参与团体类项目，个人不管多么优秀，都要与团队成员配合，否则凭一己之力难以完成团体任务，而且也失去了参与团体项目的意义。团体成员相互交流，齐心协力，取长补短，默契配合，这是取得团队胜利的关键。只有集体高度协作，才能实现团体效益的最大化。现代社会分工的发展也对个体的协作能力提出了较高的要求，任何一个企业的运作都离不开内外协作，这也是企业越来越注重组织员工参与户外拓展训练的主要原因，通过训练来培养员工的团体意识和协作精神。

（六）增强胜任社会角色的能力

社会结构中的每个个体既享有一定的社会权利，也履行相应的社会义务，同时也遵守社会规范，履行自己的职责，完成自己的“分内之事”。社会上有各种各样不同的角色，所有角色都要遵守自己所处环境下的特定规范，不同角色所代表的行为期望是有差异的。户外拓展训练为人们适应社会角色、胜任社会角色及在这一角色中发挥自己的力量和做出杰出的贡献提供了重要的机会和条件。

户外拓展训练活动中也涉及复杂的社会关系，人们参与训练，担任不同的角色，遵守体育道德规范和社会道德规范，在各自的角色中发挥自己的体能、智力，完成角色赋予的任务。在团体拓展项目中，不同角色之间又有密切的联系。各个角色相互协作是实现群体目标的关键。社会角色与社会地位、身份密切相关。个体只有扮演好自己的角色，通过主观努力将自己的角色充分演绎好，才能获得社会的认可，才能提高自己的社会地位。

第三节　户外拓展训练的运动训练学基础

一、户外拓展训练的原则

（一）适应需要原则

适应需要原则指的是户外拓展训练在实际操作过程中要有目标导向意识，紧跟时代潮流，以参与者的现实需求为导向，科学合理地设计拓展训练活动，从而有效锻炼参与者的身体和意志，提高其社会适应度。

在户外拓展训练中贯彻适应需要原则需要做好下列工作。

（1）以参与者的实际需求和不同特征为依据来安排拓展训练内容、训练手段和活动方式，以提高拓展训练的可操作性和最终效果。

（2）不要直接照搬一般性拓展训练模式，要结合参与者的具体情况进行优化和调整。

（3）融入时代要求，考虑社会对于人才综合素质的要求，加强对参与者思维能力、抗压能力、领导能力、沟通能力以及创新能力的培养，让参与者更好地适应时代发展的需要。

（二）区别对待原则

区别对待原则指的是根据参与者的性别差异、年龄层次、社会层级、学历结构等来进行不同训练方式和训练项目的组合，优化训练体验感。例如，若训练团队中女多男少，那么适当减少体能消耗大、危险程度高的项目；若训练团队整体年龄偏小，则要多考虑红色历史探索、社会公益活动等类型的训练内容；若训练团队学历结构较低，则减少益智类项目，增加团队合作项目；若拓展训练对象是企业中高层领导，则多设置益智类活动项目，减少体能消耗项目，合理设置活动情境，提高训练对象的思维活力、领导能力和创新能力。①

（三）过程控制原则

开展拓展训练活动，首先要对训练活动计划进行制订，然后根据计划来全程把握和控制拓展训练的整个操作过程，保障计划的顺利落实，保证训练效果的最大化，尽可能完成预期目标，同时也尽可能避免人员受伤。户外拓展训练的操作过程中会遇到天气恶劣、环境障碍等很多不可抗力因素，而且有些因素是无法提前预测的，是突然出现的障碍因素。这就要求指导者全程控制动态的活动过程，并加强对人员和器材的管理。

过程控制原则对户外拓展训练活动的组织开展提出了以下要求。

---

① 师伟超.拓展训练的实践操作原则探讨[J].运动，2016（21）：149-150.

1. 准备工作要充分，防患于未然

在正式启动计划之前，实地调查活动场地的环境情况，模拟要开展的拓展项目而进行尝试，根据实际情况对活动难度进行调整，确保人员安全。在活动前要特别对天气问题予以关注，根据天气调整活动方案。此外，要准备两套活动方案，包括既定方案和备选方案，如果一切正常，则按既定方案有序安排即可，如遇突发状况，则参考备选方案来灵活应对。简单来说，就是要做好两手准备。

2. 灵活应对偶然性事件

户外环境充满很多不确定因素，如果障碍因素很多，对活动造成了严重的干扰，而且对参与者的安全也构成了威胁，那么就不要继续坚持，可以将室外拓展训练改为室内拓展训练，但室内训练项目应该要能够达到与室外拓展项目相同或相似的训练效果，这样才不会对训练效果的延续性造成破坏。当参与者在活动中不慎发生损伤时，要做好紧急处理工作，将伤害降到最低，同时也要做好对伤者的心理疏导工作。

（四）系统训练原则

户外拓展训练活动具有完整性和系统性，在整个活动过程中，要对人类认知的发展规律、体能活动规律予以遵循，要有序开展拓展活动，逐渐深入，体现出活动的程序性、关联性和系统性。我们对事物的第一印象往往是在初次接触或看到该事物时形成的，凭借第一印象很难对事物的本质有深层的认识。因此还需要不断的接触来检验自己的认识是否准确，要在反复的接触中获得对事物本真状态的正确认识和理解。同样的道理，我们初次参与一个拓展训练项目时，会用习惯的思维模式去思考和行动，从而造成一些行为上的偏差和错误，影响了活动效果。因此需要反复系统地参与拓展训练，从而不断规范自己的行为，提高和巩固活动效果。

系统训练原则对拓展训练的指导者或组织者提出了以下要求。

第一，指导者不要按主观喜好去安排拓展训练项目，而要从参与者的实际情况和真实需要出发去安排，尽可能满足参与者的需求，从而提高活动效果。

第二，指导者对训练项目不能随意变换和更改，否则会影响拓展训练的持续性和系统性。如果遇到突发状况，可采用备选方案来应对，以不破坏参与者的完整认知过程为主。

第三，指导者要提升自己的业务能力和专业素养，准确把握拓展训练的内在规律，学习先进的训练方法，设计新颖的训练方式，不断积累经验，为参与者提供专业、安全的服务。

二、户外拓展训练计划

（一）把握制订原则

制订户外拓展训练计划要遵循以下原则。

1. 熟悉

（1）保持头脑清醒。

（2）思路清晰。

（3）任何相关部分都要掌握好。

2. 周详

要全面解决和处理好下列问题。

（1）经费问题。

（2）交通问题。

（3）食宿问题。

（4）装备物资情况。

（5）医疗保障情况。

（6）人员情况。

（7）行程安排。

3. 快捷

（1）仪式快捷。

（2）计划存档。

（3）快速传递。

4. 灵活

（1）领队要有威信。

（2）方案要备份。

（3）人员要机动灵活。

（二）选择活动地点

活动地点与活动内容有直接关系，选择获得地点，首先要收集当地历史、人文、习俗等资料，然后进行分析。

1. 收集资料

（1）历史

一个地方的历史可以给拓展训练活动带来很多借鉴经验，收集历史资料应包括下列两部分。

第一，当地的历史。

第二，去过该地区的外来人员活动的历史资料，准确把握当地文化的重点。

（2）人文

人文就是人类创造出的文化。在活动前，先了解当地的人文资料，从而了解当地的文化，以便和当地人进行文化交流，加强深层次理解，与当地人和谐相处。

（3）习俗

在进行户外拓展活动前，需要了解当地的习俗，如风土人情、嫁娶丧葬礼仪等。可以根据当地的习俗安排有地方特色的项目，增添活动的乐趣，并获得意外收获。

（4）特殊情况和限制

为了保证户外拓展训练活动的顺利进行，保障户外活动的安全，还需要了解当地的特殊情况和限制条件。

2. 活动分析

分析当地地形适合开展什么项目，不同的地形适合开展不同的户外项目，如在悬崖峭壁处可以组织开展岩降和攀岩等活动。要根据地形地貌来安排户外拓展活动。

（三）明确活动目标

在进行户外拓展训练前，要明确户外拓展训练的目标，只有明确了目标，才能做充分的准备，有序安排活动计划，最大化地实现户外活动效果。如果目标不明确，那么活动过程中就没有方向，没有安全保障，也失去了趣味。

（四）安排活动内容

确定活动目标后，要按照目标规划活动内容，不同的活动项目能达到不同的效果。为了更好地达成目的，提高效果，要尽可能根据活动地点的实际情况来安排活动内容，在保证安全的情况下安排精彩刺激的项目，让参与者获得体验乐趣，感受户外拓展运动的魅力。①

---

① 李纲，张斌彬，李晓雷.高校户外拓展运动教学与心理拓展实践[M].郑州：黄河水利出版社，2019.

第三章

户外拓展训练之科学训练指导

运动者参加户外拓展训练切忌盲目，一定要做好充分的准备，包括体能、心理、技能等多方面的准备。只有如此才能保证运动训练中的安全性，顺利地完成训练目标。体能训练、心理训练和技能训练可以说是运动训练中最为重要的三个部分，因此一定要给予高度重视。本章就重点研究这三个方面，从而为运动者参加户外拓展训练提供科学的指导。

第一节　户外拓展训练之体能素质训练

凡是要参加户外活动，体力上的准备不可缺少。身体基础差、平时又很少参加体育锻炼者，体力准备就要充分些。户外活动的体力准备是多方面的，其中最主要的是耐力和力量两项身体素质的锻炼，如经常进行跑步、负重登楼、游泳等常规运动。准备户外运动时，应保持自己良好的体能状态，做好思想和身体上的准备，才能使每次活动在比较安全的情况下来完成。因此，对于希望参加户外运动的人们，尤其是与野外工作有关专业的在校学生，其相关内容的体育教学，就显得格外重要和有意义。

一、体能素质训练概述

（一）体能素质训练的生理本质

户外拓展训练之前，要先做好充分的体能准备。发展和锻炼各项身体素质能力，需要一个详细的计划以及执行周期，因为体能的增长需要一定的时间积累，因此户外拓展训练是从正式出门之前的体能训练开始的。准备的时间和训练强度根据每个人的基础条件而不一，但是每个人都应该给予相当的重视，因为户外运动不比在体育馆、健身房的常规锻炼。它可能要面对很多未知情况和极端天气，而且如果你选择的是远足户外运动的话，那么由于远离城区，一旦遇到意外情况不能保证及时地被送往医院。因此具备一定的体能是顺利完成户外拓展的基本前提。体能素质主要包括力量、耐力、速度、柔韧等。

另外，在参加户外运动之前，为了安全起见应该先做一次全面的身体检查，确保心肺功能、呼吸系统、身体的主要组织等都正常良好，而且没有其他隐性疾病。如果患有高血压、低血糖、哮喘或者恐慌症等疾病或问题，应该谨慎参加户外运动。

（二）体能素质训练原理

1. 应激原理

应激是指“应激反应”，指人体对外部刺激产生的综合性生理和心理反应。个体参与体能训练时，各种训练内容都会引起身体的一定程度的生理层面和心理层面的反应，这种反应就是有机体对训练的应激反应。

体能训练过程中就是通过不断增加运动负荷，让机体的内部运动平衡被打破并重新适应新的负荷，通过反复不断加大运动负荷的方式，达到增加和提高机体各项素质能力的目的，但是需要注意每次增加的负荷一定是在人体承受能力范围之内的，而且要循序渐进地增加阻力和难度，不能突然提高而使机体组织受损。

2. 适应原理

只要遵照科学的方式，在体能训练过程中有机体的运动水平会不断得到提高，这就是机体为了适应负荷而令各系统功能不断发生改变和提高的过程。它的表现是经常运动和锻炼的工作肌肉体积会加大、肌纤维增粗、力量增强。此外，随着训练活动的持续进行，还会伴随心肌变厚、脉搏频率降低、肺活量增大、血压降低等，机体的这一系列的生理变化就是运动适应性变化，机体不断拓展发展空间，个体的运动能力才会不断得到发展。但是这个适应也有一定的极限，因此应该科学安排训练强度和训练目标。

3. 超量恢复原理

超量恢复原理是体能训练中的重要理论依据。合理运动超量恢复原理能够达到事半功倍的效果。

超量恢复又称为超量补偿，是指运动员训练与比赛后能量恢复过程的阶段之一。在此阶段机体在运动时消耗的能量及各器官、系统的机能不仅得以恢复甚至超过原先水平。这种水平会保持一段时间，而后又回到原有水平。其程度和出现的早晚与运动量密切相关。在训练中，应该根据机体的超量恢复安排训练频率和强度。

4. 素质转移原理

个体在参加运动的过程中，需要身体的各种体能素质的相互配合才能完成。几乎不存在利用一种体能素质完成整个活动的情况。户外拓展训练更是包含了身体全方位的体能训练，在运动中需要各种体能素质的相互配合、相互影响。同时，一种素质的发展可以促进或制约另外一种素质的发展，不同体能素质之间可以实现相互转移与促进。运动生理学的研究表明，运动素质转移的决定性因素主要来自有机体的整体性、动作结构的相似性以及能量供应来源的同一性。

二、体能素质训练的内容

（一）力量素质训练

1. 胸部力量素质训练

胸部力量训练的方法很多，有徒手练习也有器械练习。在训练实践中，任何下肢高于上体的斜板卧推或者飞鸟动作都是很好的发展胸大肌力量的训练方法，具体锻炼方法如下。

（1）俯卧撑

俯卧撑主要是锻炼肱三头肌、胸大肌、三角肌和前锯肌等肌群的力量素质。

训练方法：两手间距稍比肩宽，直臂双手俯卧撑地，两腿伸直，两脚脚趾撑地，做两臂的屈伸运动，待力量得到提高之后，可以背部负重或者增加练习负荷。需要注意的是，练习时不应有任何多余动作，其次训练过程中应尽量加大两臂的屈伸幅度。刚开始训练时每组15个，做3组。练习前后要做热身活动和放松活动。

（2）仰卧扩胸

仰卧扩胸练习主要用于发展胸大肌和三角肌的力量。

训练方法：仰卧在瑜伽垫或者矮凳上，两手持哑铃两臂伸直，与身体保持水平。直臂慢速将哑铃举至胸的正上方，然后慢速还原成预备姿势，反复训练（图3–1）。

图3–1 仰卧扩胸

（3）颈上卧推

颈上卧推主要用于锻炼胸大肌上部、肱三头肌和三角肌的力量素质。

训练方法：仰卧于卧推架上，可采用宽、中、窄三种握距，手持杠铃或哑铃，先屈臂将其放于颈根部，两肘尽量外展，推起杠铃至两臂完全伸直，反复训练。每组15个，做3组。练习前后要做热身活动和放松活动。

训练要求：同斜板卧推。

2. 上肢力量素质的训练

上肢力量的训练主要是训练肱二头肌、肱三头肌、上臂肌群、小臂肌群等。

训练方法：

（1）仰卧推举

身体仰卧在卧推椅上，选择合适重量的杠铃在胸前做向上推举运动。要注意的是在上推时使用爆发力，上臂应该充分伸展，下放时尽量慢慢放下。练习前后应做热身活动和放松活动。

（2）爬行推车

两人一组配合练习。一人双掌撑地，两臂保持伸直并向前爬行，另一人握住其脚踝呈“推车”状。注意爬行的人始终保持躯体平直不要塌腰，不能提臀。协助提腿的人应以跟随为主，不要向前推或者向后拉拽。两人交换位置进行练习。

（3）推实心球

两人一组相对站立，相互之间平推实心球。可以分别以站立姿势和蹲起姿势交替练习。

（4）坐姿弯举

两腿自然分开坐于凳端，一手握哑铃，另一手掌置于持哑铃手侧的膝关节上部用于辅助支撑握哑铃的手臂，练习手臂将肘关节的上部置于膝关节处另一侧的手背上，上臂固定并慢速屈肘至胸前，然后再有控制地慢慢放下哑铃成预备姿势，反复训练（图3–2）。

图3-2 坐姿弯举

（5）站立屈臂举

两腿自然站立，两手反握杠铃，两臂伸展使杠铃位于体前。两手握距可宽可窄，随个人情况而定。固定两肘并慢速屈臂将杠铃上举至胸前，然后有控制地慢慢放下杠铃，还原成预备姿势，反复训练。持握方法可采用正握、反握和锁握。练习前后要做热身和放松活动。

3. 肩部肌肉群的训练

肩部力量锻炼主要是针对肩部肌群力量的训练，特别是锁骨末端的三角肌的力量训练。力量训练能使机体的整个三角肌得到全面的发展。

颈前推举主要是锻炼三角肌前束和斜方肌的肌力。

训练方法：可采用直立姿势或坐姿，两手握杠铃同肩宽，握杠于锁骨处，手臂垂直向上伸直推起（图3-3）。

图3-3 颈前推举

训练要求：杠铃的重量可根据练习者的具体情况进行，在训练过程中可逐步增加重量，以免对机体造成损伤。

4. 腰腹肌群的训练

腰腹肌群素质锻炼的重点是发展腹外斜肌、腹内斜肌、腹直肌和髂腰肌力量等，充分利用腹肌的收缩来缩短骨盆底部至胸骨间的距离。

训练方法：

（1）两头起

仰卧屈体练习也就是俗称的“两头起”，要求动作快起慢放，身体和脚不要弹地而起，避免影响训练效果；另外还有仰卧举腿练习，上身仰卧并保持不离地面，不弯腰，双腿伸直举起与上身成90° 角。

（2）肋木屈伸

背靠肋木身体呈蹲姿，两臂伸直握住肋木，屈髋、屈膝、用力收腹提腿，身体尽可能触及脸部，刚开始练习如果做不到就以自己能提起的最高位置为标准，腿落下时尽量放慢速度，注意脚不能落地。练习前后都要做热身和放松活动。

（3）仰卧画圈

身体仰卧瑜伽垫上，两腿伸直举起与地面成35° ~ 40°角，两手臂撑地保持身体平衡。两腿做画圈运动，或者左右摆动。运动过程中，始终保持两腿伸直，且注意感受腰腹部的肌肉用力，不要使用惯性带动身体摆动，完成规定次数，做放松活动。

（4）半仰卧起坐

平躺瑜伽垫或者练习凳上，两手持杠铃片置于头后，两腿自然放松。上体向前上方卷起，同时两膝逐渐弯曲。用力时吸气，放松时呼气，收缩时停两秒。也可负重物进行训练。注意背下部和髋部不能因上体抬起而离开瑜伽垫或练习凳。

（5）支撑举腿

两手撑在双杠上，下肢放松，身体自然伸展。两腿伸直双脚并拢，收腹举腿至水平位，与上身成直角，然后再放下双腿，还原成预备姿势，反复练习。注意练习时应该直膝向上举腿，举腿速度均匀，放腿动作不要放松，应有控制地下放。

5. 大腿肌群的训练

腿部是机体运动的重要部位之一，腿部力量是机体从事其他常见运动项目的基础。腿部力量素质的锻炼方法如下。

训练方法：

（1）跳高

屈膝收腹跳并尽量使脚跟触到臀部，双膝尽快贴近胸部并跳到最高，落地后迅速开始第二跳，这个练习速度最重要。

（2）蹲跳

双腿开立，肩负适当重量的杠铃并放低身体重心，连续做蹲跳动作。注意练习时颈部挺直不塌腰。完成规定次数的练习后做放松活动。

（3）纵跳

身穿沙背心，带沙护腿，成半蹲姿势。两脚蹬地起跳，两臂上摆，腿充分蹬伸，头向上顶，缓冲落地手继续做。连续练习10～15次。也可悬挂或标出高度目标，以两手触摸标志线或物体进行练习。

（4）跳深

准备5～8个高度为70～100厘米的跳箱盖纵向排好，每个跳箱盖横放，间距均为1米左右。练习时面对跳箱盖并腿站立，双脚同时用力跳上跳箱盖，紧接着向下跳，然后顺序跳完所有的跳箱盖，连续跳上跳下20～30次。练习前后要做热身和放松活动。

6. 小腿肌群的训练

双脚分开站立，可以肩负适当重量的杠铃，双脚脚掌踩在台阶上或一定高度的台面上，做提踵练习，使脚跟与脚掌在同一水平面上，反复练习。完成规定次数后，做放松活动。

（二）速度素质训练

1. 反应速度的练习

（1）信号刺激练习。信号刺激练习可以有效训练反应能力。例如吹哨声，或者利用手势等发出信号，并提前制定每个信号代表的动作旨意，被训练者要在最短时间内做出反应、完成动作。该训练需要两人或者多人协助进行。

（2）互相拍击练习。指两人相互拍击对方背部，并避免被击中的练习（图3–4）。

图3–4　互相拍击练习

2. 运动速度练习

（1）仰卧快速斜推哑铃

练习者坐在瑞士球上，向前迈步并保持身体不离球顺势改成仰卧姿势，头枕在球上，且上背部支撑身体重心，双脚保持在地面上。连续快速向上推哑铃。

（2）俯卧撑起击掌

双手掌与双脚撑地面，使身体成一条直线。向身体下方弯曲肘部，而后快速撑起身体并击掌，恢复开始姿势重复练习。

（3）双球支撑快速扩胸

放置两个左右相邻的瑞士球，俯卧用双臂的前臂支撑身体重心。双脚支撑在地面上，使身体与地面成30°角，同时用力向外侧滚动两个球，双臂打开直到自己能够控制的最大度。然后双臂回收，将球滚到开始位置。反复快速练习。

3. 移动速度练习

（1）摆臂

双脚并拢站立，上身以短跑动作前后摆动双臂，保证肘关节弯曲约90°角。前摆手摆到与肩部大约相同的高度，后摆手摆到手到臀部之后。快速反复练习。

（2）踝关节小步跑

采用很小的步幅快速跑，强调的是脚底肌群的蹬地和踝关节屈伸动作的快速交替。

（三）耐力素质训练

耐力训练分为有氧耐力和无氧耐力。有氧耐力也称为基础耐力，最常采用的就是持续训练法和循环训练法。让练习者长时间地进行一项或多项练习。无氧耐力即无氧糖酵解能力、抗乳酸能力、能源物质的储备和支撑运动器官的能力。

1. 有氧耐力

（1）一般奔跑耐力训练

长跑训练是最好的有氧耐力训练方式，比如匀速跑、变速跑、间歇跑、越野跑，但是注意练习时间要保证在30分钟以上，强度越低，时间越长，效果越好。注意奔跑前要做充分的热身活动，使肌肉和韧带得到足够的伸展。训练后不要立刻停止运动，应做10分钟左右的放松活动。

（2）速度耐力训练

①以200米为一个单位，在规定的时间内练习者从起点跑到终点，然后同样在规定的时间内从终点再返回起点。完成规定次数后要做10分钟左右的放松活动。

②50米冲刺跑练习。练习者可分多组列队练习，也可以独自练习。多人练习可以增加训练的趣味性。比如排头队员听到信号后全力冲刺至终点再慢

跑回队尾准备下一次跑。每人至少完成10组以上。

2. 无氧耐力

（1）间歇后蹬跑

行进间后蹬跑。每组30～40次或60～80米，重复6～8次，间歇2～3分钟。保持80%的强度。

（2）原地间歇高抬腿跑

原地做快速高抬腿练习。每组5秒、10秒、30秒钟快速高抬腿练习，做6～8组，间歇时间为2～3分钟。保持90% ～95%的强度。

（3）间歇接力跑

在跑道上将四人分成两组，两组队员间距200米站立，听口令起跑，每人跑200米交接棒。每人重复8～10次。

（四）柔韧素质训练

1. 颈肩柔韧练习

（1）拉头练习：向前拉头、向后拉头、向两侧拉头（图3–5）。注意拉头时动作一定要缓慢避免颈部受伤。

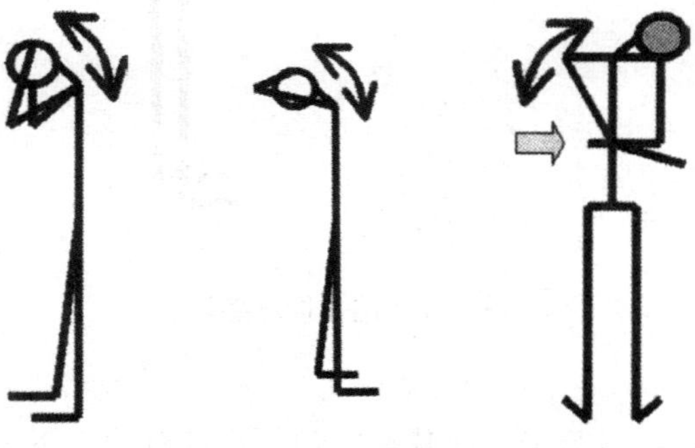

图3–5　拉头练习

（2）拉肩练习：向内拉肩、向上拉肩、背向拉肩（图3–6）。

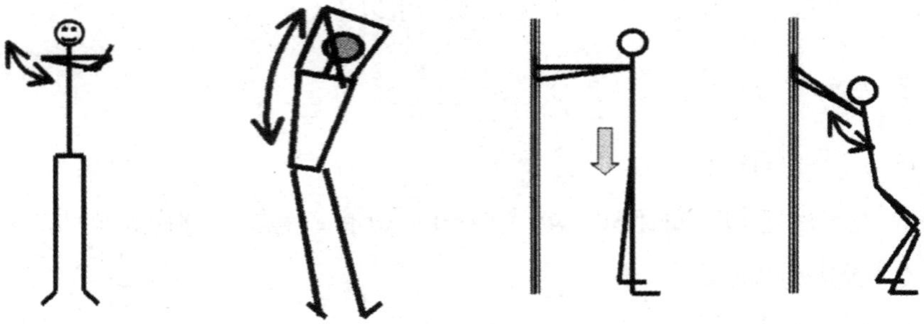

图3–6 拉肩练习

2. 躯干柔韧练习

（1）站立伸背练习：站立，双手扶栏杆或者高物，上体前倾并下压（图3–7）。

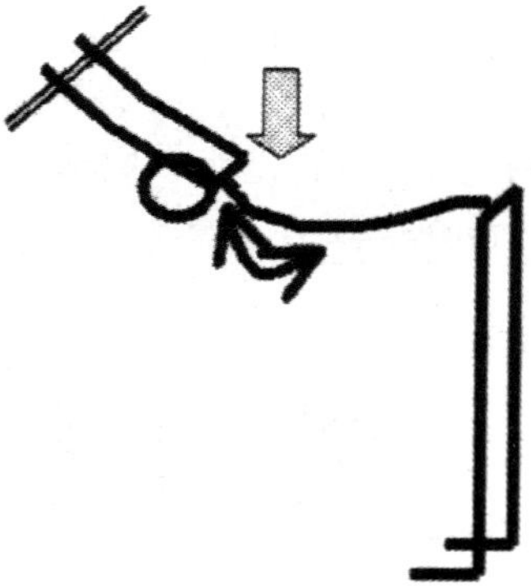

图3–7 站立伸背练习

（2）箭步压髋：弓箭步，屈膝90° 角，后膝触地，下压后腿髋部。

第二节 户外拓展训练之心理素质训练

一、心理素质训练的基本构成

户外拓展运动需要对心理素质进行训练。参加户外拓展运动不仅仅是对身体的一种接近极限的挑战运动，同时也是对心理素质的极大考验。它包括注意力、思维的清晰和敏捷能力、自信心和意志品质，另外还要考验出现意外或者遇到极端情况的清晰管理能力。

（一）心理素质训练的目的

1. 注意力

要求具有高强度、长时间的注意力，并具有高质量的注意范围与广度。特别是在进行攀岩、涉水等相对危险的动作时，必须保证全身心地投入，以免因注意力不集中而出现意外情况。

2. 思维

思维要求具有良好的思维能力和理解能力，并且能够结合实际情况做出及时准确的判断。

3. 自信

自信是户外运动的必须心理素质，拥有良好的自信心能积极应对户外拓展训练活动中的困难和挑战。

4. 意志品质

户外运动拓展训练对心理素质的最主要的训练就是意志品质方面的挑战和磨炼，尤其是随着活动持续一段时间后，随着体能消耗容易产生心理疲劳和退缩，这时更加需要有坚强的意志品质才能完成训练。

（二）心理素质训练的要求

1. 训练要有计划性

心理素质训练应该有计划性，才能使整个心理训练过程得以顺利完成，急于求成或者松懈都会影响训练效果。

2. 训练要有针对性

心理素质训练应具有很强的针对性，并不是每个方面都要训练，只针对个人的薄弱环节训练即可。

3. 训练应系统完整

无论是身体技能的训练还是心理训练，都要遵循一定的系统进行，盲目地“点”式训练看似走了捷径，其实效果往往不能持续和长久。

二、心理素质训练的基本方法

（一）注意力训练

对注意力的训练具体方法如下。

1. 视物法

视物法就是通过观察事物来凝聚视线和注意力。要求练习者仔细观察一个目标物，数秒后，闭目回忆目标物，然后再观察，再回忆，反复进行直到对目标物有清晰的认识为止。

2. 口令法

户外运动经常是在嘈杂的自然环境中进行，是具有很多干扰的，因此会容易错过一些细小但是非常重要的信息，这时候注意力就显得非常重要。练习时要求练习者集中注意力观察或聆听较弱的特定信号，然后采取既定行动，并且要增加一定的干扰难度。

（二）自信心训练

在面对挑战运动或者动作时，自信心有时候比身体技能还要重要。它是参与户外拓展的必要心理准备。良好的自信心其实是来自于个体对自我的运动经验和技术水平的准确而客观的认知。这需要通过大量的练习才能实现。另外，还需要自觉地管理消极情绪，保持良好心态，平和、专注、积极地应对一切挑战。

（三）意志品质训练

1. 自制力训练

通过主观方面的心理调节对坚持完成运动和训练任务的一种自我激励。可以通过多次增加难度来获得良性的自我暗示，并通过树立正确的态度和动机等方法来克服主观困难。

2. 情绪调节训练

情绪对心理活动会产生较大的影响，有时消极情绪在户外运动中甚至会带来致命的影响。因此，在心理素质训练中，一定要加强对情绪的管理能力的练习。可以采用自我鼓励、自我说服、自我暗示，以及通过教练或者同伴的鼓励来达到放松和调节的作用。户外拓展训练多是团队行动，团队的整体情绪需要领队和每个队员的共同维护，因此每个人都应该有责任感，不要因为自己而给团队带来消极负面的情绪影响。尽量自我克制，这种责任感和团队意识也能帮助练习者控制情绪，振奋精神。

第三节　户外拓展训练之基本技能训练

我们在参加户外拓展训练的时候，首先需要考虑的就是安全问题，对户外训练的场地、天气、食宿、卫生、意外等情况都要做好充分的准备。比如准备必要的食物和水、光源、生火器材、炊具、刀具、药品、指南针、登山杖、防晒护具、通信设备及电源等。但是户外拓展的最大魅力就是野外生存能力的训练，因此，尽管我们可以通过购买准备一切所需的用具，但是还是要掌握和训练在相对特殊或者资源短缺的情况下的户外生存能力和应急能力。

一、户外拓展训练之生存技能

（一）食宿技能

1. 寻找食物和水源

生存技能是户外拓展训练的重中之重，其中排在第一位的就是寻找食物与水源。我国地域广阔，野外可食用植物可达2 000种之多。其中包括可食的野果、野菜、藻类、地衣、蘑菇等。对可食野生植物的识别是野外生存知识的主要内容，有着重要的实用意义。其中有一个最简单的辨别有毒与否的办法是，将采集到的植物割开后放一点盐，然后仔细观察这个口子是否变色，通常变色的植物不能食用。

（1）野果

遍布山野的野果子是户外觅食的首选，比如生长在低山丘陵常绿阔叶灌木丛中的桃金娘；山地落叶灌木丛中的山桃、胡颓子；还有小果蔷薇、沙棘、山荆子、稠李、山樱桃、山柿子、猕猴桃、酸藤果、棠梨、坚果等。特别是夏、秋两季果实丰收的时候，这些都可以用来充饥解渴。一般来说，只要是鸟类、松鼠等吃的野果都是可无害的。

（2）野菜

野菜也是一种重要的野外充饥植物，根据不同情况可以生食、煮熟或者蒸食。

（3）水源

①地表水

水对于生命的重要性甚至高于食物，因此，对寻找水源的知识和技能一定要牢牢掌握。一般山脚下、山涧、断崖、盆地、谷底等都是可以找寻水源的好去处，如果你听到了蛙声和水鸟的叫声，那么说明附近一定有流动的活水，可以直接饮用的；或者还可以留意泥土的腥味以及水草的味道；这些都可以帮助你找到最近的水源。

②地下水

除了这些现成的水源之外，还要会判断是否有地下水以及水位的高低。比如山脚下往往有地下水，在雨水集中处、水库的下游地下水位均比较高。另外河道的转弯处外侧的最低处几米之下就能找到地下水。另外，还可以通过观察植物寻找地下水，比如初春时大多数树枝还没发芽，唯独有一处树枝已发芽吐绿，则说明此处有地下水；相反，深秋后其他树枝都已经枯黄却独有一处树叶不黄，则此处有地下水。另外，三角叶杨、梧桐、柳树这些植物只长在有水的地方，找到它们就可以在它们下面挖出地下水来。还可以根据动物、昆虫的活动情况寻找水源。有青蛙和大蚂蚁、蜗牛居住的地方都有水；燕子飞过的路线和筑巢的地方都是有水源，或者此处的地下水水位较高。此外，春季解冻早的地方和冬季封冻晚的地方，以及降雪后融化快的地方的地下水位均较高。

需要注意的是，为安全起见，除泉水和地下深井水可直接饮用外，其他都需要净化消毒处理再饮用。比如用净水药片、医用碘酒、亚氨酸盐，或者加入食醋或者将水煮沸都可以起到消毒的作用。

③直接从植物中取水

在南方有大量的植物都含水充沛，只要用刀将其从底部迅速砍断就会有干净的液体滴出。另外，在春天树木发芽之时，也可从桦树、山榆树等乔木的树干及枝条中获取饮用水。或者从芦荟、仙人掌及其果实中直接获取饮用水。

2. 选择宿营位置

户外拓展训练时有时需要野外宿营，这也是野外拓展运动的一大乐事，会有很不同的体验。但是前提是必须熟练掌握露营的技术和方法。

（1）选择位置

如果是风和日丽的好天气，选择露营地的首要条件是选择坚硬、平坦的位置，这样睡在上面才更舒服，从而得到充分的休息。但是不要在河岸和干涸的河床上扎营，帐篷要远离有滚石的山坡，且入口要背风。如果遇到暴风骤雨的恶劣天气，那么应该把帐篷搭建在灌木丛中或者大石堆中。如果遇到阴雨天气，提前在篷顶边线正下方挖一条排水沟，用大石头或者其他重物压住帐篷的四角。搭帐篷的要诀是在露营地的下风处先搭建公用帐篷，然后依次向上风处搭建仓库帐篷与各自的宿营帐篷。

（2）避免蚊蝇

户外拓展蚊蝇难免，但是还是有办法尽量避免或者减少蚊蝇虫子等的烦扰，比如不要选择死水塘边、茂密的草地中或者有积水的地方，因为那里正是蚊子滋生的地方。

（3）带走垃圾

户外拓展的一项纪律是必须带走垃圾，这不仅仅是个人素质修养的问题，而且还关系到人身安全。比如一个普通的矿泉水瓶就有可能引发一场森林大火，因此，对于户外拓展来说垃圾处理问题不是生活琐事，它涉及环境保护和生命安全。一般而言，纸类垃圾可以焚烧后就地掩埋。塑料瓶和易拉罐等要随身带走，万不可随手乱扔。

3. 生活野炊

对于户外拓展来说，野炊也是另一个最吸引年轻人的环节，一群人围着篝火席地而坐，烤肉饮酒，唱歌跳舞，是一种非常放松的生活享受。但是，在这些浪漫设想的背后，先要掌握必要的安全知识和生存技能才是关键。如搭建野炊灶。

通常要充分利用所在的地形、地物及所能寻找到的燃料来搭建野炊灶。

当然，现在有很多方便实用的可携带汽油炉、煤气炉等设备，大大降低了户外生存技能的要求，但是还是有必要掌握一些在不具备这些条件时的生存技能。毕竟，靠自己的智慧和双手，利用大自然现有的条件实现生火、烧水、煮饭、烧烤等，会更有成就感。

（1）三石炉灶

顾名思义，三石炉灶就是用三块高度相近的石块成三角形摆放，中间可以架锅煮饭，要注意锅底与地面要留有一定的距离，通常根据燃料情况而定，如果燃料是小木棍、树叶或者牛粪，那么高度不宜过高，如果是大木块那就要适当加高石头的高度。三石炉灶是最简单、历史最悠久的一种炉灶，而且非常方便、安全、实用。

（2）吊灶

吊灶是将锅或壶吊挂着的一种灶。搭建吊灶的关键是找到两根上方有杈的坚固的树枝，然后在两根树枝的中间架一木棍或帐篷杆等，这样将锅或壶吊在这根横杆上，在下方可以生火。或者用石块垒一道U型墙来代替有杈的树枝也是不错的方式。

（二）环境生存

1. 明确方向

在户外拓展活动中一定要掌握辨别方向、判定位置的技能。但是即便是很有经验的户外活动者也会有迷路的时候，可见户外辨别方向不是一件容易的事情，应该非常用心地观察和熟记方法。

（1）利用仪器

常见的比如指南针、对讲机、手持电台等都是非常方便实用的设备。可以快速准确地帮助定位和辨别方向。需要注意的是，要提前熟悉使用方法和准备备用电源。

（2）徒手辨别方向

徒手辨别方向是一种强大的生存技能，对于热爱户外运动的人来说掌握它是一个必备的傍身技能，以下是几种比较简单和常用的方式。

①利用带指针的手表

如果你有一块走时准确的有指针的手表，那么将手表的时针指向太阳，则时针与12点之间的夹角平分线就是正南。

②利用金属丝

利用细金属丝在头发上按同一方向摩擦使其产生极性，然后可以用悬吊或者漂浮的方式放置，这样做是为了将阻力降至最低。然后金属丝会逐渐指向南北方向。

③利用日影

在晴天时可以利用日影定位。具体做法是在地上竖立一木棍，木棍的影子将随着太阳位置的变化而移动，将这些影子的末端连成一条直线，该直线的垂直方向是南北方向。

④利用植物

在北半球植物大部分的花朵、叶子都朝向南方；地衣、藓类的阳面叶子较小和干燥、手感较硬，并且有发黄、棕、红的倾向，在阴面的叶子较大和湿润，更趋向于绿色。岸边的柳树枝条也会向南侧倾斜，这种现象在北方尤其显著。

2. 识别天气

在户外拓展活动最令人担心的就是天气的变化。虽然可以依据天气预报的信息，但是天气预报往往对于局部地区的小气候变化无法准确预报，尤其是山区，往往是一日多变。因此，最好的办法就是自己掌握预测天气的本领，通过观察自然界的各种变化来判定未来可能的天气。在我国民间有很多观察自然变化来预测天气变化的方法，这是我们应当学习和掌握的。

（1）天气变化有征兆

在山地如果白天谷风是自山谷往山顶吹，而夜晚是由山顶吹向山谷，那么未来的天气会逐渐变得越来越好。相反，如果发现白天谷风是从山顶向山谷吹，而夜晚则从山谷吹向山顶。那么未来的天气将会变得越来越差。另外，如果太阳周围出现了一个“大晕圈”，这是有雨的征兆；在月亮的周围出现了一个“小晕圈”，这是有大风的征兆；如果云团行走很快且逐渐有增多的趋势，这是有暴风雨的前兆，如果看到半山谷的云雾在快速上升，这代表暴风雨将要来临。

（2）看云识天气

我国民间有很多顺口溜是关于看云预测天气的。比如，“朝霞不出门，晚霞行千里”“日落火烧云，明朝晒死人”“红云变黑云，必是大雨淋”，这些谚语不仅朗朗上口非常好记，而且也是识别天气的重要依据。

（3）观雾知天气

“十雾九晴”“早上雾蒙蒙，中午晒得皮肉痛”“早雾晴，夜雾阴”，这些都是通过雾来反测天气，是有其科学道理的。

（三）必备物品

户外拓展越来越成为现代人爱好的休闲运动项目。但是不得不承认，随着文明的发展，现代人已经远离野外环境太久而变得非常依赖人工环境生存。因此，在出门参加户外活动之前，生存和保护自身安全的必备物品如服装、食物、水、护具装备等是肯定要带的。除此之外，重点建议随身带上几张报纸、高锰酸钾和保温毯。它们因为看上去太过稀松平常而常常被忽略，但是在某些关键时刻却能发挥至关重要的作用。

1. 报纸

户外活动中报纸的重要性是众人皆知的，报纸可以用来保暖、消遣、当夹板、点火、驱虫等。

（1）保暖

户外运动会大量出汗，但是大汗淋漓会打湿衣服，而且容易着凉感冒，在户外生病是一件非常严重的事情，会增加生存威胁。但是如果随身携带太多衣物又会增加行李负担，非常不方便，而且户外常用的含防潮、保暖等功能的衣物价格昂贵，抬高了出行成本。这时候报纸就是一个非常方便实用且廉价的选择，尤其是在大运动量的户外运动后，将报纸前后贴身铺平，报纸致密性强，挡风效果很好，相当于多穿了一件保暖内衣。而且报纸会吸附汗液，而不至于使衣服沾湿，更重要的是它还可以重复利用。

（2）防暑

如果在夏季进行户外拓展，那么防暑是首要问题，报纸可用遮阳，制成帽子或者扇子都非常方便，还可以赶走蚊蝇，一举两得。

（3）纠正呼吸性硷中毒

高山空气稀薄，人会加快呼吸来改善缺氧状况，过度呼吸会呼出更多的二氧化碳，造成呼吸性硷中毒，严重时会威胁人的生命。这时候将报纸卷成漏斗状，在漏斗顶端留出直径1厘米的小孔，用漏斗的底部包住口鼻，是一种预防和纠正呼吸性硷中毒的好方法。

2. 高锰酸钾

高锰酸钾是户外运动中必不可少的药品，可以净化水、做标记、清创、消炎解毒、摩擦生火等。

3. 保温毯

保温毯在自救互救的过程中非常重要。国际通用的保温毯实际上是锡箔纸做成的，折叠起来和烟盒差不多大小，而且比一盒香烟还轻。但是它的保温作用强大，在寒冷时将保温毯裹在身上或易受冻的部位，可以反射人体散发出来的热量，达到保温的效果；如果有伤情那么裹上保温毯会防止伤者体温下降而加剧伤情；另外，如果野外遇难，将保温毯裹在身上，其反光作用也能帮助救援人员寻找目标；在必要的时候，保温毯还可以充当担架的作用，因为保温毯韧性好、轻便、柔软、可塑性强，可以用来做短时短距离的临时担架。

二、户外拓展训练之应急技能

（一）抽筋

肌肉发生不由自主的强直性收缩，就是肌肉痉挛，俗称“抽筋”。高强度的运动或者在寒冷天气里运动中发生抽筋是比较常见的现象。它多见于小腿腓肠肌，其次为屈肌、屈趾肌和屈指肌。导致抽筋的原因主要是寒冷刺激、电解质失调和肌肉收缩失调或者损伤。遇到这种情况，处理方式是牵拉屈曲的指（趾），以使痉挛的肌肉被牵伸而解痉，然后做按摩和热敷来缓解，同时注意保暖。如果是因为电解质失调造成的抽筋可以喝些盐开水。

（二）扭伤

扭伤是指关节活动过度至超过正常范围，使周围的筋膜、肌肉、肌腱等受强力牵拉而发生损伤。扭伤常发生在剧烈运动、穿高跟鞋、下楼梯等情况下，通常高低不平的路面也是引起扭伤的重要原因。常发生的部位是踝部、腰部、颈部及手腕等处。扭伤后会出现关节肿胀、剧痛、活动受限、关节皮下瘀血。关节扭伤常会伴随着肌腱组织撕裂或离位。

户外拓展训练应该避免任何形式的受伤，因此提前做好预防非常重要。比如做好充分的热身活动，穿戴合适的护具等。

（三）脱臼

关节脱白也是户外运动中会发生的情况。伴有剧烈的疼痛感，而且能看到皮肤下脱白骨骼的一端，复位动作也会有剧烈的疼痛，因此运动时一定要注意，最常见的是肩部脱臼和手指脱臼。

（四）溺水

救助溺水者之前要先判断自己是否有救助的可能和能力，不要为了救人而让自己处于危险之中，不要随便跳进水里，特别是水势汹涌的河流，除非你受过水上营救训练。一般情况下最好选用一根长竹竿或者树枝或者长绳并且使其依附在救生圈、救生衣之上，然后将其抛给溺水者，把溺水者救到岸上。

必要时要对溺水者进行人工呼吸帮助其恢复呼吸，并尽快送往医院。

（五）中暑

中暑是指在高温和热辐射的长时间作用下，机体体温调节失衡造成水、电解质代谢紊乱及神经系统功能损害的总称。特别是夏季，在户外长时间活动，身体大量排汗就会引起中暑。中暑的主要症状是头昏、头痛、口渴、全身疲乏、注意力不集中、体温正常或略有升高、面色潮红、大量出汗、脉搏过快。对应的处理方式是尽快给患者降温，并让患者饮用含盐分的清凉饮料。在额部、太阳穴涂抹清凉油、风油精等，或服用人丹、十滴水、藿香正气水等中药。如果症状严重应及时送往医院。

（六）止血

出血一般分为毛细血管出血、静脉出血和动脉出血，毛细血管出血和静脉出血只要及时地消毒和包扎就行，我们这里要特别注意的是动脉出血，因为动脉出血来势汹涌，而且处理不及时会在几分钟之内导致死亡。

首先用拇指压住出血的血管上方，然后用加压包扎法止血，伤口覆盖无菌敷料，再用绷带、三角巾等紧紧包扎，以停止出血为准。但伤口内如有碎骨片，禁用此法。另外还有止血带止血法，适用于四肢较大的动脉出血，注意止血带不应缠得太松或过紧，以血液不再流出为度。止血带的使用时间原则上不超过一小时，或者每隔半小时松解止血带半分钟左右。在松解止血带的时候要压住伤口。

（七）雷击

避免雷击的方法很简单，即远离金属和潮湿的地方；不要去触摸和佩戴金属物品；不要站在高大的孤树残株旁边，或是山脊顶、瞭望高台上；不要站在伐木开垦出的空地中间，否则会成为避雷针。如果正在森林地区内那么找到矮树林间较低而干燥的地方，保持蜷曲或是跪下来以遮护自己。蜷曲在背包上可以多一层保护，以免闪电击中地面而传导给你。

（八）被毒物咬伤

户外运动的另一威胁是毒虫、毒蛇、蝎子、蜈蚣、毒蜂的叮咬，下面是一些简单的应对处理方式，经常参加户外运动拓展的人一定要掌握。

（1）只有某些体型较大的蜈蚣能攻击性咬伤致痛，并引起局部水肿和红斑。症状和体征很少持续超过48小时，坏死罕见，感染几乎没有。可以冷敷冰块，有镇痛作用。

（2）蝎螯刺会仅引起局部疼痛和轻微肿胀，伤口周围皮肤温度上升和触痛。毒液可立即引起疼痛和受累部位的麻木和刺麻感，但通常无肿胀。儿童可能出现头、颈、眼异常而胡乱地晃动；成人主要表现为心动过速、高血压、呼吸加快、体弱无力。成人和儿童均可能发生呼吸困难和流涎过多。甚至有毒蝎可以致死现象。剧毒蝎特征都是尾大钳小，但是蝎的毒性普遍小于蜘蛛。

（3）蜂一般不会主动攻击人，因此避免惊扰蜂群和蜂窝就能避免绝大部分被蜇的可能。参加户外拓展的女孩子注意不要化浓妆，因为化妆品内的芳香物质会使蜂类误认为是蜜源而召集“大部队”聚集。

（4）自然界中蛇的种类众多，被毒蛇咬伤的症状因蛇毒性质而不同。急救的原则是及早防止毒素扩散和吸收，比如尽快在咬伤肢体近侧约5～10厘米处用止血带或橡胶带等绑紧，阻止静脉血和淋巴液回流。然后用手挤压伤口周围或口吸将毒液排出体外。

（九）求救

虽然我们在进行户外拓展训练之前会做足准备工作，但是野外生存依然要引起重视，在新闻里不时会听到有人因爬山或野外探险而遇难或者失踪的消息，可见，尽管人们做了周详的准备，依然不能避免意外的发生。因此，对于每一个即将参加户外拓展的人来说，学习和掌握危难生存的本领是一堂必修课。

1. 烟火信号求救

火光作为联络信号是非常有效的。因此在遇险时可根据自身的情况首先想到的是是否可以依靠烟火求救。比如白天可在火堆上放置苔藓、嫩树枝、橡皮胶皮等使之产生浓烟；晚上则可多放干柴使火烧旺，让火势升高，但同时也要保证自身安全。另外，国际同行的求救信号是燃放三堆火焰，并且摆成正三角形，这样安排也方便点燃。但是需要注意，不可能让所有的信号火种整天燃烧，因此择时点燃也非常关键，比如一旦有任何飞机路过就尽快点燃求助，这就要求燃料要易燃，点燃后能快速燃烧，白桦树皮就是十分理想的燃料。在火堆上要添加散发烟雾的材料，浓烟升空后与周围环境可以形成强烈对比，易受人注意。任何潮湿的东西都可用来产生烟雾，黑色烟雾在雪地或沙漠中最醒目，橡胶和汽油可产生黑烟。

2. 地对空信号求救

在比较开阔的地面，可以通过制作地面标志的方式发出求救信号。比如国际民航统一规定的地空联络符号示意有：SOS（求救）、SEND（送出）、DOCTOR（医生）、HELP（帮助）、INJURY（受伤）、TRAPPED（发射）、LOST（迷失）、WATER（水）。

3. 声音信号求救

如隔得较近、可大声呼喊，常用的方式是三声短三声长，再三声短。

第四章

户外拓展训练实践之团队破冰类项目的设计与方法

团队建设是拓展训练的重要组成部分之一，团队破冰、团队竞争与合作、团队沟通与分享是团队建设的重要内容。团队建设是一个循序渐进的过程，在建设初期应该先相互了解，彼此熟悉，消除陌生感和隔阂感。在彼此有了一定的了解后，要培养团队成员的信任感、集体意识和团结协作能力，从而提升团队的凝聚力。此外，团队可以参加一些娱乐性活动，在有趣的活动中体验合作、信任和分享带来的快乐及成就感，促进团队精神的巩固和升华。根据团队建设的过程，在团队拓展训练项目设计中要依次设计破冰类项目、集体协作类项目以及娱乐分享类项目，各类项目应丰富而多元，提升训练效果，提升团队的整体素质。本章重点对这三类团体拓展训练项目的设计与操作方法展开分析。

第一节　破冰类项目设计与方法

一、真情告白

（一）项目描述

场地：室外不限。
工具：多份“优、缺点”问卷、若干支笔。
时间：30分钟。

（二）训练目的

（1）所有学员根据对他人的印象而点评他人的优缺点，自由评价，不受威胁，增进了解。

（2）学员之间就他人对自己优缺点的评价结果而进行相互反馈，深刻反省自己的缺点，并了解他人的优点，取长补短，共同进步。

（三）组织过程

（1）向所有学员清楚地说明此次拓展训练的任务和目的。

（2）告知所有成员评价别人的优缺点要做好保密工作，不要透漏自己对谁进行了评价，也不会知道谁评价了自己。

（3）将“优、缺点”问卷发给学员，人手一份，每个学员都要写出评价对象的姓名及其优点和缺点，或自己喜欢的地方和不喜欢的地方，至少一条。

（4）学员填写完毕后，将问卷收回。最后当众念出每张问卷上的内容。

（四）回顾思考

（1）所有学员的评价都准确吗？

（2）不同学员评价同一人时是否存在互相矛盾的地方？

（3）通过评价了解别人后心中是否产生更愿意和谁一组的想法？

二、万花筒

（一）项目描述

场地：室外平坦场地。
时间：30分钟。

（二）训练目的

（1）增加记忆力。
（2）提高反应力。
（3）建立友好关系。

（三）组织过程

（1）训练师大声读出下列口诀，要求所有学员熟记。
牵牛花1瓣围成圈
杜鹃花2瓣好做伴
山茶花3瓣结兄弟
马兰花4瓣手拉手
野梅花5瓣力气大
茉莉花6瓣好亲热
水仙花7瓣是一家

（2）所有学员分散站立，围成一个大的圆圈。训练时站在圆中心（图4-1），边拍手边随机说上面口诀中几种花的名称，随时可以停止。当训练师说出“山茶花”后停止拍手时，所有学员3人一组包成一个圈；当训练师说出“茉莉花”后停止拍手时，6人一组围成一个圈。而当训练师说出“牵牛花”后停止拍手时，学员原地不动。

（3）没有按相应数字结成圈的学员退出游戏。到规定时间后还在游戏的学员成为赢家。

图4-1 万花筒①

（四）回顾思考

（1）你为什么会被淘汰？

（2）如何提升自己的记忆力和反应力？

（3）你听到一种花的名称时是否对头脑中闪现的数字产生怀疑？

（4）你是否因为自我怀疑而没有顺利组成圈？

三、串名字

（一）项目描述

场地：室外平坦场地。

时间：不限。

① 段国萍.素质拓展训练[M].上海：上海交通大学出版社，2014.

（二）训练目的

（1）营造宽松、活跃的团队氛围，打破因彼此不熟悉而尴尬的局面。

（2）增进了解，为团结协作完成挑战类训练项目而打基础。

（三）组织过程

（1）所有学员分散站立，围成一个半径适宜的圆圈，注意所有人都是侧身站，目视前面成员的后脑勺。

（2）训练师指定一名学员站起来介绍自己的基本信息，尤其是姓名。介绍完后，该名学员身后的学员开始介绍自己，但必须以“我是×××后面的×××”为开头，然后介绍其他情况，介绍完毕后，其身后的学员以“我是×××、×××后面的×××”为开头作自我介绍，以此类推。

（3）最后一名学员要念出前面所有学员的名字，然后介绍自己的姓名和其他个人信息等。

（四）回顾思考

（1）如何快速记住别人的名字？

（2）日常工作中采取什么方法可以尽快熟悉团队成员？

四、挑战数数字

（一）项目描述

场地：室外平坦场地。

时间：15分钟。

（二）训练目的

（1）营造轻松愉快的团队氛围。

（2）增进交流和感情。

（3）消除团队成员的拘束感和相互的陌生感。

（三）组织过程

（1）学员分散站立，围成一个半径适宜的圆圈，共同完成数数字的任务。

（2）训练师任意指定一名学员，由他（她）开始数数，从1开始，顺时针数下去，也就是被指定的学员喊“1”，顺时针方向邻近的学员喊“2”……依次数下去，逢7或7的倍数时拍掌但不喊出数字。

（3）轮到数7的成员时拍掌表示，此时再按逆时针方向数，也就是刚才数6的成员数8，逆时针继续下去，数到14（7的倍数）时，同样拍掌表示，又改为顺时针方向数数。总之每到7或7的倍数时，拍掌后变换方向继续数，直到数到50则停止数数。

（4）可以分组比赛。

（四）回顾思考

（1）这个游戏看起来很简单，为什么会迟疑或出错呢？

（2）是否因为自己的思想压力或不自信而使简单的事情变得复杂了？

五、人椅

（一）项目描述

场地：室外平坦场地。

时间：5分钟。

（二）训练目的

（1）营造轻松愉快的团队氛围。

（2）消除团队成员之间恰当肢体接触的心理障碍。

（3）使团队成员之间相互了解、信任、鼓励和支持。

（三）组织过程

（1）所有学员侧身围成一圈站立，相互保持一定距离。

（2）所有学员均将自己的双手搭在前方学员肩膀上。

（3）所有学员用自己的脚尖顶住前面学员的脚跟。

（4）所有学员屈膝下蹲，坐在后面学员的大腿上（图4-2）。

（5）训练师发出顺时针转动或逆时针转动的指令，学员转动过程中齐声大喊“团结一致、勇往直前”的口号，以活跃氛围，打破尴尬，鼓舞团队士气。

（6）若有学员坚持不住，则退出。

（7）可分组比赛，看哪组坚持的时间长。

图4-2 人椅[①]

（四）回顾思考

（1）在训练过程中自己的精神状态和整个团队的状态发生了哪些变化？

（2）是否及时调整了自己的状态以适应团队训练的需要？

（3）是够过分依赖团队，自己处于松懈状态。这种状态对团队造成了怎样的影响？

（4）你认为如何才能坚持更长时间？

---

① 段国萍.素质拓展训练[M].上海：上海交通大学出版社，2014.

六、扯龙尾

（一）项目描述

场地：室外平坦场地。
工具：颜色鲜明的色带。
时间：15～20分钟。

（二）训练目的

（1）活跃气氛、增进感情。
（2）培养团队意识和集体主义精神。

（三）组织过程

1. 第一阶段

（1）将学员分成人数均等的若干组。

（2）各组均站成一列纵队，后面学员双手抓着前面学员的衣角。队尾学员将鲜亮的色带挂在肩上（图4-3）。

图4-3 扯龙尾[①]

① 段国萍.素质拓展训练[M].上海：上海交通大学出版社，2014.

2. 第二阶段

（1）开始游戏，每组最前面的学员要竭尽全力去抓其他组最后一名学员肩上的色带，而肩上有色带的学员要灵活躲闪避免被抓到。

（2）如果队首学员将其他组队尾学员的色带抓到，则这两组合并成一个组，被抓到的这组所有学员站在抓到者所在组的前面。

3. 第三阶段

（1）游戏继续，直到所有组合并为一条“长龙”。

（2）最后获胜的组是“长龙”的尾巴组。

（四）回顾思考

（1）每一组既要进攻，也要防守，同时扮演两个角色，如何协调攻守关系？

（2）“短龙”变成“长龙”后，这条“龙”便不像之前那样灵活了，如果要保持好的战斗力，需要做哪些努力？

第二节　集体协作类项目设计与方法

一、挑水接力

（一）项目概述

场地：室外空地。

工具：一座小桥，4根扁担，8个小塑料桶，9个大塑料桶（4个装满水放起点，4个空桶放终点，1个装满水在起点处备用），一个中塑料桶，秒表、鼓、锣各1个，4根红绸（长5米）。

规则：

（1）时间10分钟，以运送水的多少决出名次。

（2）将学员分成两队，每队4人，两男两女。队员顺序：第一位男性，第二位女性，第三位男性，第四位女性，如第一轮完成后仍有时间，按第一轮的顺序继续接力，直至时间结束，裁判鸣锣。

（3）打水及捆绸由本队的协作队员完成，不得接受其他队员的协助。

（4）队员过桥时不许掉下，否则从桥头重新上桥。

（5）中途倒地，爬起后继续；若倒地后水倒掉，返回起点盛水后重来。

（6）奖励获胜队，鼓励另一队。

（二）训练目的

（1）活跃气氛。

（2）增强团队凝聚力。

（3）加强团队沟通与合作。

（三）组织过程

（1）预备扁担一根放在第一位队员身旁；两位协作队员各提起一桶水，此时不能挂上扁担；一位协作队员拿一根红绸做准备。

（2）宣布“开始”，各队拿红绸的协作队员迅速将红绸绕在第一位队员的腰上扎紧，要求挑水队员原地转若干圈将红绸绕到尽头后扎紧，第一位队员拿起扁担挑起水出发。

（3）过桥，到达终点，将水倒入本队水桶中，按原方式返回，返回时挑起水桶，可以不上桥。

（4）返回起点，解开腰上的红绸，交下一位队员继续，依次进行。

（5）最后10秒钟，裁判倒计时，鸣锣。

（四）回顾思考

（1）你是否从中收获了友情和其他美好的东西？

（2）结合日常生活和工作谈谈你在这个活动中得到的感悟和体会。

二、悬空试验

（一）项目概述

场地：空地。
工具：绳子9条，竹竿9根。
时间：15分钟。

（二）训练目的

（1）调动团队成员的积极性。
（2）培养团队制订计划、分工合作、共同解决问题的能力。

（三）组织过程

12人一组，每组拿9根绳子和9根竹竿在规定时间内搭建起一个架构，该架构可以让全体学员同时离地3分钟。

（四）回顾思考

（1）你们小组是如何行动的？是否制订了方案？方案是否可行？
（2）行动过程中是否所有人都积极参与其中？
（3）大家是否默契配合？
（4）应该如何改进团队协作来提高效率？

三、相依为命

（一）项目概述

场地：松软草地。
工具：离地面60厘米处，由两根钢丝绳并排构成一头宽一头窄的“通道”，窄的一头距离60厘米，宽的一头距离200厘米，“通道”直线距离6米。

适用对象：不同年龄和社会层次的人员。

时间：60分钟。

（二）训练目的

（1）体会合作的重要性。

（2）通过肢体接触提升信任感。

（3）培养团队精神。

（4）体验相互配合、共同完成任务的成就感。

（三）组织过程

（1）一男一女为一组，面对面、手挽手，脚踩钢丝绳，共同从窄的一头走向宽的一头。

（2）第一组完成或者失败后，第二组继续进行，依此类推。

（3）时间充足时，未完成者可再次尝试。

（四）回顾思考

（1）钢丝绳不停摇晃，你有何感受？

（2）你认为你的同伴配合度高吗？

（3）你们用什么方法走完了全程？

四、同心协力

（一）项目概述

场地：室外平坦场地。

适用对象：不同年龄和社会层次的人员。

时间：10分钟。

（二）训练目的

（1）使学员对团队协作的重要意义有深刻的认识。
（2）促进学员集体归属感的形成与强化。

（三）组织过程

（1）合理分组，每组人数大于5人。
（2）每组先安排两名学员出列，背对背席地而坐。
（3）两人分别将两臂向后屈并交叉在一起，保持稳定后相互配合同时起身恢复站姿。
（4）如果两人成功站起，那么该组再派1名学员加入这两人中，继续按刚才的方法进行活动，如果两人站起失败，则重新开始，直至成功才能从2人增加到3人。
（5）10分钟后，哪组正在参与活动的人数最多则获胜。

（四）回顾思考

（1）你觉得挑战失败主要是什么原因导致的？
（2）结合你的生活或工作实际，你有哪些体会和领悟？

五、流水线

（一）项目概述

场地：室外平坦宽阔的场地。
工具：
（1）每组每人一截水管，长短不一。
（2）10颗球（类型、大小不同）。
（3）1个水桶。
适用对象：不同年龄和社会层次的人员。

时间：30分钟。

（二）训练目的

（1）培养团队的协作意识和团体精神。

（2）使团队成员友好相处、相互帮助、高效合作。

（三）组织过程

（1）合理分组，每组12～16人。

（2）将水桶放在距离各组学员队伍末端大约2米的位置。各组学员站成一排，分别手拿水管并接成一条长水管，先将一个球放在第一名学员的水管上，所有成员相互协作配合把球运到桶中。整个过程中不能碰到水管，也要防止水管重叠。

（3）运送球的过程中要一直往目标方向行进，不能停滞、后退，也要防止球落地或离开水管，如果没有按规定运送球，那么要重新开始。

（4）将球运送到水桶中，但球弹出水桶落地，则不算完成任务，需要重新开始。

（四）回顾思考

（1）大家为完成任务做了什么准备？

（2）你认为在完成任务过程中遇到的最大困难是什么？

（3）任务失败时，小组学员是否相互抱怨，为什么要抱怨？

（4）谈谈你在此次活动中的经验和感受。

（五）注意事项

（1）活动场地平坦整洁，没有杂物，确保安全。

（2）纪律严明，保持秩序。

六、走出雷阵

（一）项目概述

这个项目充满挑战，对团队的协作能力和思维转换能力是一个巨大的考验。如图4–4所示。

场地：在边长为5米的正方形场地画好雷阵。

工具：训练师用图、笔、硬皮夹。

时间：90分钟。

图4–4　突破雷区①

（二）训练目的

（1）对学员勇于探索的精神进行培养。

（2）对学员的思维转化和灵活变通能力进行培养。

（3）对学员的创新意识进行培养。

（4）对团队的协作能力进行培养。

（5）使学员有意识地采用技巧来解决问题，少走弯路。

（6）使学员善于总结经验和规律，不要重复犯错。

① 段国萍.素质拓展训练[M].上海：上海交通大学出版社，2014.

（7）使学员充分认识到团队分工与决策在很大程度上决定着团队的绩效。

（三）组织过程

（1）先将雷阵图摆好，格子里是从1到120的数字，入口设定为1到12，出口设定为109到120，左右两侧都有空白区，是不可穿越的“悬崖峭壁”，但可以穿越空白区域的边缘处，小框内均为雷区，学员事先是不知道这些雷区的。要求所有学员从1到12任意一个入口进入雷区，从109到120任意一个出口走出雷阵，如图4–5所示。

109	110	111	112	113	114	115	116	117	118	119	120
97	98	99	100	101	102	103	104	105	106	107	108
85	86	87	88	89	90	91	92	93	97	95	96
93	74	75	76	77	79	79	80	81	82	83	84
			67	68	69	70	71	72			
			61	62	63	64	65	66			
			55	56	57	58	59	60			
			49	50	51	52	53	54			
37	38	39	40	41	42	43	44	45	46	47	49
25	26	27	28	29	30	31	32	33	34	35	36
13	14	15	16	17	18	19	20	21	22	23	24
01	02	03	04	05	06	07	08	09	10	11	12

图4–5　雷阵[①]

① 段国萍.素质拓展训练[M].上海：上海交通大学出版社，2014.

（2）每次只允许一名学员进入雷区。

（3）学员在雷区不能试探和跳跃，每次只能走一步，而且要进入相邻格子内。

（4）学员要按训练师的口令走雷区，如训练师说“请继续”，那么学员按继续迈入下一个格子；如果训练师说“对不起有雷，请原路返回”，那么该名学员则被淘汰，换另一名学员进入雷区继续游戏。一般就只有这两种口令。

（5）若出现违例现象则每次扣1分，如跳跃进入不相邻的格子、试探、重复触雷、踩线等。

（四）回顾分享

（1）你有尝试和探索的勇气吗？

（2）你是否掌握了规律，这些规律对你避雷起到作用了吗？

（3）你是否体会到了团队和突破定式思维的重要性？

（五）注意事项

（1）正方形场地内清洁无杂物。

（2）埋雷的格子要看起来和其他格子没有区别，避免学员发现端倪。

第三节　娱乐分享类项目设计与方法

一、哑剧

（一）项目概述

背景：有一个哑巴村的村民不会用手语交流，主要用身体语言表达。有一天村长传递了一个非常重要的消息，要求每个村民都知道，所有村民都要靠自己的身体语言去传递，那么他们能用身体语言清楚传达这个消息吗？这要求每个人的身体语言都形象逼真，今天我们也利用自己的身体去传递消息，看我们能不能将村长的命令传达给每个村民。各小组必须在规定时间内完成纸条上规定传达的内容，尽可能用完所给资源，表演过程中不能讲话。

工具：带有场景的字条、胶布、报纸、彩带。

（二）训练目的

（1）展现自我魅力。

（2）增强团队合作。

（三）组织过程

（1）每个小组第一人从训练师手中抽取一张纸条，训练师宣布纸条的内容。学员有10分钟时间来准备。

（2）10分钟后，各个小组轮流展示自己的成果。

（3）训练师评价各小组的成果。

（四）回顾思考

（1）在哑剧表演中，角色扮演对你来说有什么挑战，你是怎样克服这些挑战的？

（2）通过哑剧表演你觉得要想表演成功，必须具备哪些条件？

（3）通过这个游戏，你认为在日常生活中一个人的魅力在事情的成功上起到什么样的作用？

二、踩气球

（一）项目概述

背景：这是一个考验大家协作的项目，我们模拟在一个特定环境下通过大家协作取得胜利的团队项目。现在请大家跟着我的思路进入这样一个场景：我们是一场激烈战争中两支队伍幸存的士兵，谁取得了这块阵地谁就赢得了战争的胜利。

场地：平整、空旷的场地。

工具：若干气球、小细绳。

（二）训练目的

（1）增强团队成员之间的相互信任感。

（2）培养组织协作能力。

（3）彼此增进了解和信任，培养团队精神。

（三）组织过程

（1）将学员分为4组，每次派两组进行比赛。

（2）给参赛组的所有队员每人发1个气球，宣布比赛开始后，参赛者自己吹气球系在脚踝上。

（3）双方队员互相踩对方的气球，并保护好自己的气球。一方队员的气球均被踩破则失败。

（4）只能踩气球，不可故意踩脚、用手推对方。

（5）气球被踩者立即退出比赛；跑出规定区域者也要退出比赛。

（四）回顾思考

（1）大家在此项活动中运用了什么战术方法？效果如何？

（2）大家还有没有更好的方法来取得胜利？

三、合力吹气球

（一）项目概述

学员相互合作，分工吹气球并弄破气球。

场地：室外不限。

工具：每组各6张签，写着不同的部位：嘴巴（1张）、手（2张）、屁股（1张）、脚（2张）；若干气球。

时间：不限。

（二）训练目的

（1）掌握沟通技巧。

（2）培养团队精神。

（三）组织过程

（1）分组，每组6人。

（2）每组每人抽签。

（3）抽到“嘴巴”的学员在两名抽到“手”的学员的帮助下吹起气球，然后两名抽到“脚”的学员抬起抽到“屁股”的学员去坐破气球。

（四）回顾思考

（1）大家该如何协调、合力把气球弄破?

（2）如何把游戏中的沟通和合作带到工作中去?

四、解手链

（一）项目概述

场地：室外不限。

人员：10人一组。

时间：20分钟。

（二）训练目的

（1）了解解决问题的一般步骤。

（2）体会沟通的重要性，领会团队的合作精神。

（三）组织过程

（1）各小组围成一圈。

（2）按训练师的指示做：

①举起左右手，握住邻近同伴的右左手，交叉放在胸前。

②不松手，张开人网，成为手拉手的圆。

③每组学员共同把圆理顺，学员之间的手拉手方式变成正常情况下不交叉的方式，期间不能松手。

（四）回顾思考

（1）开始时你是否觉得思路混乱？

（2）当解开一点后，你的想法是否发生了改变？

（3）你在这个过程中学到了什么？

五、趣味跳绳

（一）项目概述

场地：室外平坦广阔的空地。

道具：长度适宜的粗棉绳。

时间：10分钟。

（二）学习目的

（1）培养团队精神。

（2）学会尊重和理解他人。

（三）组织过程

两名学员分别将绳子两端握住，顺时针摇绳，其他学员同时进入跳绳，失误者被摇绳者换下去摇绳，所有人都跳过绳子算一次，统计成功跳绳的次数，如图4-6所示。

图4-6　趣味跳绳[①]

（四）回顾分享

（1）当某位学员被绳子绊倒时，其他学员发出声音了吗?

（2）发出声音的学员是对绊倒者进行指责吗?

（3）自己无意间发出的声音是否使他人感受到了压力?

（4）怎么做才不会给他人造成压力?

（五）注意事项

（1）下肢有伤者尽可能不参与跳绳。

（2）在户外草地进行跳绳比较安全。

（3）团队跳绳要保持适当的间距，避免碰到他人或踩到他人。

① 段国萍.素质拓展训练[M].上海：上海交通大学出版社，2014.

第五章

户外拓展训练实践之能力培养类项目的设计与方法

能力培养是户外拓展训练的目的和功能之一，通过各项户外拓展项目实现。根据能力发展需求的不同，人们设计出了不同的户外拓展项目，分别能够发展不同方面的能力。本章将对户外拓展训练中能力培养类项目的设计与方法进行分析和研究，具体阐述内容包括个人能力培养类项目的设计与方法、领导沟通类项目的设计与方法、高空挑战类项目的设计与方法三个方面。

第一节　个人能力培养类项目的设计与方法

一、猜帽子的颜色

（一）项目目的

（1）锻炼每个人利用个人智慧、团队智慧、反应能力、逻辑能力等解决问题的能力。

（2）锻炼团队成员之间的相互沟通能力。

（3）培养团队精神和团队协作能力。

（二）准备工作

（1）准备红、蓝两种颜色的帽子各两顶。

（2）将团队成员分成若干个小组，每组3人。

（3）选择一个适合开展活动的场地，室内室外均可。

（4）要求每组成员戴好各自的帽子，朝着相同的方向站好，不偷看自己和他人的帽子颜色。

（三）实施过程

（1）要求小组成员面朝相同方向站好，告诉他们现在有红、蓝两色帽子各两顶，将从中选出三顶帽子分别戴在他们的头上（前两名小组成员将不会戴同一种颜色的帽子）。

（2）活动时间一共为5分钟，每位成员依次猜自己的帽子的颜色，每人只有一次机会。

（3）各小组轮流进行游戏。

（四）回顾与总结

（1）各人总结自己在游戏里的表现，肯定长处，反思不足。

（2）分享自己从游戏里面获得的道理和感受，并结合现实生活或者工作说说这些道理的意义。

二、水牛流马

（一）项目目的

（1）培养非语言沟通能力。
（2）提高思维能力，能用不同方法解决问题。
（3）增强信息收集、反馈能力。
（4）提高团队默契配合能力。

（二）准备工作

（1）选择一个适合开展活动的场地。
（2）准备好开展活动需要的眼罩、凳子和气球。
（3）将团队成员分成不同的小组，每组6个人。

（三）实施过程

（1）每组指定一人为“水牛流马”。
（2）作为“水牛流马”的成员用眼罩将自己的眼睛蒙上。
（3）每个小组的“水牛流马”坐在指定的凳子上，裁判将准备好的气球放在离“水牛流马”们较远的位置。
（4）“水牛流马”需要找到气球并将气球放在自己的凳子上面，小组成员可以进行提示，但是不能用语言提示。
（5）小组成员依次成为“水牛流马”，并进行找回气球的挑战。
（6）每个小组有十五分钟的游戏时间，可以各个小组同时进行游戏，也可以有的小组进行游戏，有的小组观察，在15分钟内取得的气球数量最多的小组胜利。

（四）注意事项

（1）小组成员在游戏进行过程中应该将重点放在提示本组的“水牛流马”上，注意游戏的时间。

（2）禁止阻碍其他小组进行任务，不得发生冲撞。

三、蜘蛛网

（一）项目目的

（1）培养沟通能力。

（2）培养集体意识和团队协作能力。

（3）培养面对困境时的积极心态。

（4）培养解决问题的思维和能力。

（二）准备工作

（1）寻找一个适合开展活动的场地，需要平整开阔。

（2）选取两棵结实的大树（支撑蜘蛛网）；尼龙绳（编织蜘蛛网）；几小节绳子（固定蜘蛛网）；蒙眼布若干；小铃铛若干（充当触网警报器）；大橡胶蜘蛛一个。

（3）将团队成员分组，每8～12个人为一组。

（三）实施过程

（1）由组织人员介绍活动背景：一小队特战队员被困在森林中，出口处被一个巨大的蜘蛛网挡住。蜘蛛网的网眼可以供一个人爬出，但是不能接触到蜘蛛网，否则就会失明；如果碰到蜘蛛网三次，就会被惊醒的大蜘蛛吃掉。

（2）布置蜘蛛网，网垂直于地面挂在两颗大树间，网上挂铃铛、橡胶蜘蛛。

（3）小组成员依次钻过蜘蛛网眼，每个网眼只能使用一次。
（4）碰触到蜘蛛网，立刻中毒需要蒙上眼睛。
（5）小组成员有三次机会碰触蜘蛛网，多于三次挑战失败。

（四）注意事项

（1）将安全放在第一位，做好安全防护措施。
（2）认真对待挑战，锻炼自己的谋略能力和实践能力。

四、孤岛求生

（一）项目目的

（1）锻炼和不同的角色进行沟通的能力。
（2）了解实践管理的20/80法则。
（3）突破固化思维，培养创新意识与冒险意识。
（4）培养团队成员之间彼此的信任感。
（5）培养和他人合作的能力。

（二）准备工作

（1）选择一个适合开展活动的场地，要求开阔平整。
（2）准备60×60×25厘米的木质方箱12个左右、25×25厘米木箱一个、两块木板（木板横向叠放在盲人岛上）、一个塑料桶、羽毛球若干、任务书一套、白纸两张、生鸡蛋两个、筷子两双、一段50厘米透明胶带缠在筷子上、1支笔、眼罩为N/3加1个（N为参训人数）。
（3）每组成员在14人左右。

（三）实施过程

（1）组织人员向大家介绍活动的名称、内容、要求、规则等。
（2）分别用不同的箱子代表哑人岛、盲人岛和珍珠岛，其中，盲人岛的箱子可以略小于其他两个。

（3）每组分配人员到不同的“岛”上，其中，被分配到哑人岛上的成员不许说话，被分配到盲人岛上的成员必须要戴上眼罩。

（4）将珍珠岛任务书、鸡蛋、笔、白纸、筷子与胶带发给珍珠岛上远离其他岛方向的那个成员。

（5）任务书交给哑人岛任一人，最后将盲人岛任务书悄悄塞到一名成员手里，并且将羽毛球分发给不同成员。

（6）整个游戏的时间为40分钟。

（四）注意事项

（1）必须认真对待游戏，严格遵守游戏规则。

（2）禁止学员隔岛传递或传看任务书。

（3）重点注意监控盲人岛上的学员，等待救援时不要掉下去。

（4）盲人向其他岛移动过程中严密监控盲人，以防其掉下木板。

（5）哑人运用杠杆原理搭板时，监控提醒学员不要压伤。

五、快指

（一）项目目的

（1）训练个人的反应能力。

（2）增加个人活跃气氛的技巧。

（二）实施过程

（1）选择一个适合开展游戏的场地。

（2）要求所有人围成一个圆圈。

（3）每个人把自己的左手举起来，然后伸出自己的右手食指，用右手食指顶住右边学员举起的左手的掌心，所有人依次做这个动作，仍旧保持圆圈队形。

（4）指定一些文字或者词语，当负责说话的人说到这个文字或者词语的时候，大家迅速将自己的右手食指缩回，同时用自己的左手抓自己左边的人的右手食指。

（三）回顾与总结

（1）对自己在游戏中的表现进行回顾和评价，肯定表现突出的地方，反思表现欠佳的地方。

（2）分析聆听、注意力及反应三者之间的关系。

（3）打破“一心不能二用”的常规思维，在合理分配精力的基础上学习如何同时处理几件事情。

第二节　领导沟通类项目的设计与方法

一、画图游戏

（一）项目目的

（1）让参与者充分体验到沟通的重要性。

（2）让参与者了解到沟通是双向的，一个合格的沟通应该包括信息传达和信息反馈两个方面。

（3）培养参与者与人沟通的能力和技巧。

（二）准备工作

（1）准备游戏需要用到的画图板、画图纸和笔。

（2）将参与的人员分组，每组有一个人负责画图，一人负责描述，其他人根据描述猜图上的内容。

（3）选择适合开展游戏的场地。

（4）向参与者介绍游戏规则。

（三）实施过程

（1）本队的一位成员画出指定的图案。

（2）将需要猜的图案拿给描述的成员观看，负责描述的成员有30秒的思考时间。

（3）描述的成员面向负责猜的成员，开始第一次描述，这个过程中负责猜的成员只能听和思考，不能进行提问，然后说出自己猜的答案。这一步的目的是为了让大家感受单向沟通。

（4）接着负责描述的成员开始第二次描述，这个过程中负责猜的成员可以进行提问，然后说出自己猜的答案。这一步的目的是为了让大家感受双向沟通。

（5）每次猜测结束之后统计认为自己猜对了的人数和实际上猜对了的人数。

（四）回顾与总结

1. 负责猜的成员应该意识到自己在游戏过程中可能存在的问题

（1）认为如果自己是描述者，自己的描述可能会更加精确。

（2）想当然地认为只有描述者的描述，而不用自己和描述者之间的提问沟通就能轻易猜出图案。

（3）没有意识到从其他人的提问中也能获取到有效信息。

2. 负责描述的成员应该意识到自己在游戏过程中可能存在的问题

（1）忽视听众的兴趣所在。

（2）没有对需要表达的内容进行充分的理解和思考。

（3）没有按照先整体后细节和逻辑的表达顺序进行描述。

（4）共同技巧不到位。

（5）信息有所遗漏。

3. 总结

（1）双向沟通十分重要。
（2）应该学习和掌握更多的沟通技巧和方式。
（3）学会换位思考，分别认识到自己和他人的优势和不足。

二、雷区取水

（一）项目目的

（1）培养团队成员的沟通技巧和沟通能力。
（2）培养团队成员的组织能力。
（3）培养团队成员的团队意识和整体意识。
（4）培养团队成员勇于奉献的精神。

（二）准备工作

（1）选择一个平整宽敞的活动场地。
（2）长20米粗1厘米的主绳2条，水盆和杯子各2个，1桶水。
（3）在平地上画一个半径3米的圆圈，水桶盛满水并放置到圆圈中间，绳子和杯子沿着圆圈外沿放置。

（三）活动规则

（1）规定整个圆圈为雷区，所有挑战者的身体都不能接触到雷区，否则就重新开始挑战。
（2）每位挑战者用杯子尽可能地从水桶中取水并倒进盆中，在这个过程中，杯子里的水不能洒出来，否则就要重新开始挑战。
（3）禁止挑战者做危险动作。

（四）实施过程

（1）把整个团队分成人数相等的两组。

（2）两组队员相对而立站于木板上，保证每块木板上只有一名队员。中间留有一块木板。

（3）随时注意学员的安全，防止学员间踩伤挤伤情况发生。

（4）教员对游戏中学员言行做好记录。

（5）教员对队员完成游戏情况进行总结并请获胜方简单介绍获胜经验。

（6）设立考核标准，对完成游戏表现良好的队员给予鼓励。

（五）回顾与总结

（1）肯定和赞扬所有完成挑战的成员，对未成功完成任务的成员给予鼓励。

（2）要求团队成员就完成任务的关键之处、完成任务的方法等进行讨论和分享，重点突出确定最终方法的决策过程。

（3）对自己在活动过程中的表现进行评价，反思自己有哪些需要改进的行为，有哪些改进的措施。

（4）思考决策失败后有没有影响到队员的协作积极性，由此领悟正确决策在领导中的重要性。

三、数字传递

（一）项目目的

（1）培养团队成员在不用语言的情况下进行交流的能力。

（2）培养团队成员之间的默契度。

（二）准备工作

（1）选择一个适合开展活动的场地，室内、室外均可。

（2）将参与人员分组，每组5～8人，每组选出一人担任监督员。

（3）所有参赛队员按纵队排好，队列的最后一人到教员处，教员向全体参赛学员和监督员宣布游戏规则。

（三）实施过程

（1）每个队伍派出一名代表到主席台前，由主席出示一组数字，该代表在不用语言交流的情况下，用肢体动作等向本组的第一位成员描述这组数字。

（2）第一位成员得到描述后，根据自己的理解继续向下一位成员进行描述，依次进行，直到最后一位队员结束。

（3）描述时，后面的队员脸朝向相反的方向，只能看自己前一位队员的描述，不能看其他人的描述。

（4）最后一名队员接收到描述之后，跑到主席台写出自己猜测出来的数字，最后综合速度和准确性评分。

（5）比赛进行三局，每局结束后有15秒的休息时间，每局比赛满分为5分。

（五）回顾与总结

（1）P（计划）D（实施）C（检查）A（改善行动）循环，在这个游戏中如何得到体现?

（2）在四个循环中，哪个步骤更为重要?

（3）认识语言在交流中的重要性。

四、变形蜈蚣

（一）项目目的

（1）提高团队成员之间的沟通交流能力。

（2）培养团队成员的集体意识和协同合作能力。

（3）活跃气氛。

（二）项目背景

你们是国家派出的高级特工，刚刚得到任务，要求你们潜入一犯罪团伙大本营收集机密信息。此犯罪团伙成员都非一般人士，他们的信息库全使用高科技，并且机关重重。想要潜入不仅需要你们的胆量，更需要你们的智力与团结。其中距离数据库周围十米远的范围为接触点感应，只要你们与地面的接触点超过四，警报器就会响起。所以你们必须想尽办法只有不多于四个点接触地面的情况下集体安全穿越这段距离，并且你们没任何工具，也就不能借助任何外力。

（三）项目规则

（1）每个小组的人员都要在7个以上。

（2）队员之间必须发生直接的身体接触，不能借助外力完成活动。

（3）可以以手、脚或者膝盖为彼此之间的接触点。

（4）接触点不能超过4个，否则就要重新开始游戏。

（四）实施过程

（1）每个小组拥有10分钟的时间进行游戏规划。

（2）准备人员在小组进行计划的同时进行场地布置：将两根绳子平行放置，两根绳子之间的距离为10米，一根绳子为游戏的起点，另一根绳子为游戏的终点。

（3）所有参与人员从起点出发，先到达终点的小组胜利。

（4）输了的小组需要接受一定的惩罚。

（五）回顾与总结

（1）游戏过程中各组都采取了什么办法？

（2）起初，你们中是否有人认为这个游戏不能完成？

（3）游戏结束后大家感觉如何？

（4）各组发扬团队精神协同工作了吗？

（5）怎样才能做得更好？

五、瞎子摸号

（一）项目目的

（1）引导团队成员进行思考：当环境和条件受到一定限制的情况下，应该如何和别人进行沟通。

（2）培养团队成员的沟通技巧和沟通能力。

（二）准备工作

（1）选择一个适合开展活动的场地，室内、室外均可。

（2）准备游戏需要用到的摄像机、眼罩和小贴纸。

（3）将参与人员分组，一般14～16个人一组比较合理。

（三）实施过程

（1）要求参与者都戴上眼罩。

（2）每个人发一个号，这个号只有自己可以知道，不能告诉别人。

（3）小组成员根据自己的猜测和判断，按照号码，从小到大排列成一队。

（4）整个游戏过程禁止小组成员之间进行语言交流，还要全程佩戴眼罩。

（5）将游戏过程摄影，在游戏结束之后放给小组成员观看。

（四）注意事项

（1）安全第一，提醒参与者在游戏过程中的动作不能太过激烈，以免伤害到自己和他人。

（2）注意不要让眼罩伤害到眼睛。

（五）回顾与总结

（1）交流自己在不用眼睛和语言的情况下，是使用什么样的方法来告知小组成员自己的号码的。

（2）交流自己在这种情景下遇到的交流问题，以及自己是如何解决这些问题的。

（3）讨论更好的解决办法。

（4）认识到当环境和条件受到限制时，一味抱怨是无用的，应该积极寻找解决办法走出困境。

六、曲径通幽

（一）项目目的

（1）培养团队信任感。

（2）增进团队成员之间的情感交流。

（3）增强团队成员团体意识和团队协助能力。

（二）项目背景

探险队到密林深处探险，一名队友在森林里传染了一种罕见的疾病。这种疾病极易传染，必须远离病人3米之外，为了挽救队友，大家必需帮助他穿越一段长达30米狭窄地带。令人头痛的是地上有的草对病人有不良影响。应避免病人接触这种草。探险队决定用仅有的3根树干和藤条捆扎一个框架，拉着病人穿过草地，将6根藤蔓固定在框架顶端，防止坍塌，大家也要远离框架。

（三）项目规则

（1）每个小组拥有5分钟讨论、规划的时间。

（2）比赛开始后，一支队伍出发进行比赛，另一支队伍进行保护工作。

（四）回顾与总结

（1）鼓励团队成员分享自己在游戏过程中的心路历程和感受。

（2）鼓励大家分享自己在游戏中收获到的道理和知识。

（3）分享对某位队员形成的新认识，以及情感交流带给自己的感受。

第三节　高空挑战类项目的设计与方法

一、合力过桥项目

（一）项目介绍

合力过桥项目是一项对个人单独能力和团队协作能力都有一定要求的项目。一方面，想要取得成功必须克服自己的恐惧，需要付出坚持和努力；另一方面，成功还依赖于团队的整体合作能力，团队成员之间要相互支持、相互信任，共同向同一个目标前进。

（二）场地和器材

（1）一个能供所有人活动的安全场地。

（2）一个专项训练架。

（3）两根动力绳，长度为25米，直径为10.5毫米。

（4）丝扣铁锁4把，钢索4把。

（5）全身安全带、半身安全带、头盔各2个。

（6）8字环1个或者ATC两个，8字环是最佳选择。

（7）2条60厘米的绳套以及若干手套。

（三）项目目的

（1）激发参与者的潜能，锻炼参与者的勇气。
（2）建立团队成员彼此之间的信任感。
（3）培养团队成员之间的互助意识和团结协作的能力。
（4）增强参与者换位思考的意识。
（5）培养参与者在面对困境时的积极心态。

（四）实施过程

（1）学习安全带、主绳、锁具和头盔的使用方法。

（2）设置一个专门的保护组，保护组中有一位主保护和两位副保护，保护组人员和其他参与者一起学习“五步收绳保护法”，其中主保护人员还需要进行演示。

（3）讲解拉拽吊板下方保护绳的方法，并且尝试以上方吊索为支点寻求平衡的用力感受。

（4）进行注意事项讲解，讲解的内容包括摘除佩戴的饰品以及硬物、影响心理安全的沟通方式和一些其他的注意事项。

（5）挑战者穿戴好衣物和保护装备，队友集体对其进行鼓励。之后挑战者通过扶梯爬到起点，做好准备，通过有三块30厘米宽，不同长度摇晃不平衡的吊板，其他成员分组抓住吊板垂下的绳子，掌握平衡，让高空的学员顺利通过。

（6）完成挑战之后挑战者从另一侧的扶梯爬下，开始休息，等到下一位挑战者完成挑战之后，该挑战者加入到保护队伍中去。

（五）安全要求

（1）有严重外伤病史，或有严重心脑血管、精神病、慢性病及并发症或医生建议不适合做此类挑战项目者，可以不做此项目。

（2）进行挑战时身上不允许携带任何硬物，以正确的方式穿戴好安全带、头盔等保护用具。

（3）保护组的人员应该紧跟在挑战者的平行位置的后方，以便及时对挑战者进行保护。

（4）拉绳成员中应该有一名机动人员，以防出现个别人员无力拉绳的情况。

（5）教练或者项目负责人应该密切关注挑战的进行情况，对危险状况和不合理动作进行提醒或者要求停止。

（6）禁止挑战人员用脚踩绳索或者将锁具跌落到硬地面上。

（7）负责人不得强制要求团队成员参加挑战，要尊重大家的意愿。

（六）项目控制

（1）进行项目讲解时可以让愿意挑战的人员配合演示，讲解的语言要简练精确，突出重点。

（2）采用合理的措施鼓励团队所有人员参与挑战（因身体原因或者其他特殊原因不能参与的除外）。

（3）确定合理的轮换顺序，防止拉绳人员产生疲劳。

（4）密切关注各项保护设施的状况，以及挑战者动作的规范性，防止发生意外事故。

（5）记录各位挑战者的表现，便于评价和总结。

（6）用语言对挑战者进行肯定和鼓励，激发挑战者的动力。

（七）回顾和总结

（1）对完成挑战的团队成员进行肯定和赞许，对于挑战未成功的团队成员进行安慰和鼓励。

（2）鼓励大家分享参加活动的心路历程和感受。

（3）要求大家就团队合作、信任和自信、换位思考等角度分享参加活动之后的新认识和新感受。

二、沿绳下降项目

（一）项目介绍

沿绳下降又被称为“速降”或者“下降”，是一项起源于瑞士的冒险项目，后来在欧美流行起来。沿绳下降要求挑战者有极高的勇气，无论是上去还是下来都是对勇气的巨大考验，它也因此广受极限运动爱好者的喜爱。

（二）场地和器材

（1）专业的户外运动场地，包括人工岩壁、山崖或者训练架。

（2）2根直径在10毫米以上的登山静力绳，根据实际需求选择适合的长度，一条使用，一条备用。

（3）丝扣主锁4把。

（4）4根绳套，长度为40厘米。

（5）6～8个8字环，10～12个主锁。

（6）半身式安全带和安全头盔各6个。

（7）准备手套、毛巾、医用胶布若干。

（三）项目目的

（1）使团队成员学习并掌握沿绳下降的技术要领。

（2）锻炼团队成员的勇气和挑战精神，激发团队成员的潜能。

（3）培养团队成员的积极心态。

（4）培养团队互助意识和互助精神。

（四）实施过程

（1）本项目是个人挑战项目，每位挑战者到达指定的场地，在专业人员的指导下穿戴好相关的衣物和安全用具，任务是沿着绳子从场地的顶端下降到地面。

（2）学习并掌握安全带、安全头盔、8字环、主锁等安全用具的使用方法。

（3）所有团队成员都应该学习保护方法，在挑战者失控或者下降速度过快的时候其他成员可以通过拉绳给挑战成员保护。

（4）学习下降的技术要领，如蹬踩岩壁两腿略分开，防止身体向两边倾倒；身体后倾，略为顶髋；前手远离8字环，手臂略直；后手固定于臀部，虎口向前，松紧适度。

（5）空降时手抓8字环后面的绳子（接近顶端的为前面），双腿分开，上身微后倒，不能趴在前绳上，脸部离开绳子，前手可以轻扶前绳或协助后手握8字环后的绳。

（6）即将降落到地面时要把速度放缓，双脚主动轻轻降落到地面上。

（7）挑战开始之前需要有专业的讲解人员对项目进行讲解，讲解时可以配合一定的动作演示，除了讲解动作和技术，还要提示不规范动作的危害严重性。

（五）安全要求

（1）有严重外伤病史、严重心脑血管疾病、精神疾病、慢性病或者并发症的人员应该禁止参加此项目。

（2）挑战时身上不能留有任何硬物，要按照要求规范穿戴各种安全用具，专业人员在挑战之前应该对挑战者的安全装置进行检查。

（3）挑战时应该遵从专业人员的指示，按照指示行动。

（4）所有的活动器械都应该有备份。

（5）每次挑战至少有3名团队成员进行保护，上方保护人员站立的位置应该稍高于挑战的下落点，下方的保护人员必须佩戴头盔，而且需要偏离挑战者下降的正下方。

（六）项目控制

（1）讲解时需要注意语言的精炼性和准确性，保证所有人员充分了解动作、技术和各项要求。

（2）做好动员工作，鼓励不受身体原因和一些特殊原因限制的成员积极参加到挑战中。

（3）要求所有挑战人员按照要求规范穿戴好安全工具并进行检查。

（4）长距离下降时，可以戴手套，或在食、中与无名指指肚上沾两层医用胶布，也可以在拇指内侧和手掌易磨的地方做些保护，但不建议使用护掌。

（5）提示团队成员团结互助，相互鼓励。

（七）回顾和总结

（1）肯定和赞扬所有完成挑战的成员，对未成功完成任务的成员给予鼓励。

（2）对大家在活动中出现的问题进行回顾，并讨论解决问题的合理措施。

（3）鼓励每位成员讲述自己的感受和心路历程。

（4）就进行挑战的顺序和秩序、榜样、激励等角度，鼓励成员分享挑战之后的新认识和新感受。

三、垂直天梯项目

（一）项目介绍

垂直天梯也被称作“巨人梯”，是一项难度系数相对较高的运动项目，对人的心理素质要求比较高。垂直天梯需要2～3人共同参与并且需要团队相互配合，想要成功完成挑战，需要具有甘为人梯的奉献精神和吃水不忘挖井人的回报精神，需要大家的共同努力。

（二）场地和器材

（1）室外场地，器材为组合训练架或者专项训练架。

（2）动力绳2条，长度在25米以上，直径为10.5毫米。

（3）6条40厘米长的绳套，上保护点4条，下保护点2条。

（4）主锁2把，4把用于保护上保护点的D型锁或者O型锁。

（5）头盔和坐式安全带各4个。

（6）手套6副。

（三）项目目的

（1）让团队成员认识到内部人员的合理分配和协调配合的重要性。

（2）培养大家互帮互助、不离不弃的整体意识。

（3）了解阶段性目标对于实现最终目标的重要意义。

（4）增强大家对努力和坚持的重要性的认识。

（5）了解阶段性目标对于实现最终目标的重要意义。

（6）主动帮助他人，并且懂得对帮助自己的人进行感恩和回报。

（7）了解共同探索、总结经验和分享经验对于提高整体工作效率的重要性。

（四）实施过程

（1）所有人员学习并掌握头盔、安全带、主锁等安全用具的使用方法。

（2）设置一个专门的保护组，包含一位主保护和两位副保护，要求保护组成员学习“五步收绳保护法”，主保护还需进行演示。

（3）在采用下方保护的保护方式时，保护者应该站在主绳的左侧，右手在8字环后。

（4）2～3名挑战人员为一组，穿戴好衣物和保护用具之后，团队成员对其进行鼓励，然后挑战者开始向上攀登，到达制定目标处为完成挑战。

（5）攀登过程中能给予挑战者帮助的只有横木、队友的身体以及团队成员的智慧。

（6）保护者可以在不影响挑战者攀爬的情况下适量收紧保护绳以做好保护准备。

（五）安全要求

（1）有严重外伤病史、严重心脑血管疾病、精神疾病、慢性病或者并发症的人员应该禁止参加此项目。

（2）挑战时身上不能携带任何坚硬的物品。

（3）挑战人员按照相关要求规范穿戴好安全用具，并由专业人员进行检测后，合格后方可进行挑战。

（4）发现学员拉拽胸前的保护绳及利用两边的钢缆（铁缆）、保护学员拉保护绳帮助等情况时应立即制止。

（5）保护绳应该时刻紧跟挑战者，在挑战者开始攀爬之前就要适当收紧保护绳，挑战者爬上第一根横木时专业人员应该在其身后进行保护。

（6）保证绳子在挑战过程中不会相互交叉，如果发生交叉现象应该及时进行调整以保护挑战者的安全。

（7）所有人员必须远离天梯下面，挑战结束之后，每次只能有一人下落。

（六）项目控制

（1）进行项目讲解时可以让愿意挑战的人员配合演示，讲解的语言要简练精确，突出重点。

（2）做好动员工作，鼓励不受身体原因和一些特殊原因限制的成员积极参加到挑战中。

（3）密切关注各项保护设施的状况，以及挑战者动作的规范性，防止发生意外事故。

（4）要求所有挑战人员按照要求规范穿戴好安全工具并进行检查。

（5）注意人员搭配，每组分别有身体素质较好的成员和身体素质较差的人员，尽量保证每组人员的素质总分相差不大。

（6）对于不是因为身体原因放弃挑战的团队成员，利用“层第效应”，设定阶段性目标，鼓励他们进行尝试。

（7）将安全放在首位，反复提醒以增强大家的安全意识。

（七）回顾和总结

（1）肯定和赞扬所有完成挑战的成员，对未成功完成任务的成员给予鼓励。

（2）对大家在活动中出现的问题进行回顾，并讨论解决问题的合理措施。

（3）鼓励每位成员讲述自己的感受和心路历程。

（4）就搭档之间的关系处理、合作的重要性、阶段性目标对总目标实现的作用等角度，鼓励大家结合本次活动分享自己的看法。

（5）在合作的过程中，有时不得不为了整体的利益而暂时放弃自己的利益，但是最终的结果一定是合作共赢，在面临“始终保护自己的利益但是有可能最终得不到益处”，还是“暂时放弃自己的利益最终得到合作共赢的结果”的选择时，你会如何选择呢？（可供参考的案例：一个人想要了解天使和恶魔之间的区别，于是分别到天堂和地狱参观。在地狱里他看到恶魔们坐在餐桌前，每个人都拿着超长的筷子夹菜，但是因为筷子太长，他们怎样也无法将食物送入自己的口中。而到了天堂，在同样的场景之中，天使们相互用筷子为对方夹菜，这样他们完全没有被筷子的长度难住，每个人都吃到了自己想吃的东西。这个人也明白了，恶魔们每个人都想的是自己能不能吃到食物，只顾给自己夹菜，因此什么也得不到；而天使们暂时放弃了自己的利益，选择给别人夹菜，最终实现了合作共赢。）

第六章

户外拓展训练之安全保障体系的构建

任何一项活动的参与者（包括领导者、组织者、指导者等），都需要有较强的安全意识。安全是户外拓展训练的命脉，大多数拓展项目有一定的风险性，的的确确会给人带来危险的感觉。许多学员初次接触户外拓展训练，训练活动的安全性成为参与者的主要顾虑。但户外拓展训练应是对学员心理上的挑战，而没有实际意义上真正的危险。因此，需要在训练过程中考量安全性，构建安全保障体系，避免出现安全事故，给参与者的身心造成不良的影响。本章从构建户外拓展训练安全保障体系的理论依据出发，探讨安全保障体系的基本原则和策略，对开展户外拓展训练具有一定的积极意义。

第一节 构建户外拓展训练安全保障体系的理论依据

一、运动疲劳、运动恢复的相关理论

参训人员在户外拓展训练活动中极易出现运动疲劳现象，此现象属于正常现象，但是教练或学员需要采取一定的措施、科学的手段，及时消除运动疲劳。在户外拓展训练安全保障体系的构建过程中，需要掌握运动疲劳、运动恢复的相关理论，掌握消除运动疲劳的基本方法，保证参训人员处于正常的身心状态中。

（一）运动疲劳

运动疲劳指有机体的生理机能不能维持在某一特定水平或身体器官不能维持原有的强度。

1. 运动疲劳的分类

（1）按照不同的运动方式进行分类，可以分为快速疲劳与耐力疲劳。

①快速疲劳：短时间内参加剧烈运动导致身体的机能下降。

②耐力疲劳：长时间参加运动强度较小的运动导致的身体机能下降。

（2）按照不同的发生部位进行分类，可以分为脑力疲劳和体力疲劳。

①脑力疲劳：大脑皮层细胞的工作能力因为受到运动的刺激而明显下降，出现广泛性抑制。心理疲劳往往伴随脑力疲劳出现，运动过程中若受到强烈不良刺激的影响，会对大脑皮层产生长久的损伤。

②体力疲劳：从事高强度的训练导致身体的工作能力下降，产生疲劳。例如，出现肌肉酸痛、浑身乏力的情况。

（3）按照身体器官进行划分，可将运动疲劳划分为以下三种。

①骨伤肌疲劳：运动引起的骨骼肌机能下降，肌肉酸痛等。

②心血管疲劳：由于运动引起的心脏、血管系统及其调节机能下降。如运动后舒张压升高等都是心血管系统疲劳的症状。[①]

③呼吸系统疲劳：剧烈运动后引起的呼吸机能下降。常见症状为胸闷、喘不过气等。

2. 运动疲劳的产生机制

（1）能量耗竭学说。该理论认为运动疲劳产生的原因是人体在运动过程中消耗大量的能量，血糖浓度下降，但消耗的能量得不到及时的补充。

（2）代谢产物堆积学说。该理论认为运动疲劳产生的原因是乳酸、氨等某些代谢产物在肌肉内堆积，却又无法得到消除。

（3）离子代谢紊乱学说。该理论认为运动疲劳产生的原因是运动时钙、钾、镁等离子代谢紊乱，影响了有机体的运动能力。

（4）突变理论。该理论认为运动疲劳产生的原因是有机体在运动过程中能量、力量极速消耗，有机体的兴奋性或活动丧失。能量代谢、机体力量、机体兴奋性的共同作用导致了运动疲劳。

（二）运动疲劳的恢复

学员在拓展训练中发生运动疲劳现象时，身心健康会受到严重的影响。教练员需要时刻监控学员在训练中的表现，合理控制运动负荷量，制定科学的生活、营养制度，避免学员出现过度疲劳。与此同时，教练员需要了解运动疲劳的发展过程、处理方法，做到防微杜渐，帮助学员尽快从运动疲劳中恢复。

运动疲劳的处理办法主要包括以下几种。

1. 早期症状及处理办法

学员在运动疲劳早期常表现为：训练的积极性不高，不愿意投入到训练活动中，睡眠质量低，食欲下降，头昏脑涨，运动能力有所下降等，少数学

① 黄巧.我国运动性疲劳与超量恢复理论沿革研究[D].西南大学,2012.

员会出现心烦意乱等不良心理状况。

教练员应该针对早期症状，采取有效的处理措施。例如，及时调整训练计划、降低运动负荷、变换训练方式等。通常情况下，经过及时地调整，早期运动疲劳几天便可恢复。

2. 后期症状及处理办法

若早期产生运动疲劳时没有采取有效的处理措施，就会向更坏的情形发展。学员会出现较为严重的症状，例如，失眠、头痛、极易疲劳、出虚汗、体重不断下降、运动能力急剧下降等。更为严重的话，还会出现各器官系统的失调。

当学员出现上述症状时，教练员应该高度重视，及时停训或采取恰当的处理。例如，调整学员的生活制度，采取积极恢复措施，为学员适度增加营养、睡眠等。在症状严重的情况下，请专业的医生全面了解学员的病情，进行药物治疗。实践结果表明，若教练员采取恰当的处理方式，病情较轻的学员两至三周会痊愈；病情较重的学员两至三个月，更甚者半年才会完全恢复到正常状态。

运动疲劳恢复后，学员的体能还较差，教练员应该为学员制定有针对性的训练计划，逐渐加大运动量。

二、运动伤病、运动处理的相关理论

在户外拓展训练安全保障体系的构建过程中，需要掌握运动伤病、运动处理的相关理论，保证参训人员的人身安全。

（一）运动伤病

“伤”通常指人体组织受到的损害。“病”通常指有机体身心的不正常状态。“运动伤病”指有机体在运动过程中发生的各种损伤、疾病。例如，运动中发生的肌肉痉挛、骨折、关节脱臼、擦伤、挫伤、骨膜炎、韧带扭伤等属于运动性损伤；运动中人体出现的腹痛、贫血、血尿、蛋白尿、昏厥、中暑及猝死等属于运动性疾病。[①]运动伤病症状较轻，可能会影响身体健康、锻炼效果；症状较为严重则可能会危害生命。在户外拓展训练中，容易出现各种各样的运动伤病，教练员应该采取一定的救助手段，帮助患病者减轻痛苦。

1. 运动损伤的类型

为了更好地对伤病患者展开诊治与治疗，需要了解运动损伤的具体情况，了解运动损伤的类型。

（1）按照受损伤的组织结构进行分类，运动损伤可以分为皮肤损伤、关节损伤、内脏器官损伤等。

（2）按照受损伤的体征进行分类，运动损伤可以分为开放性损伤和闭合性损伤。常见的开放性损伤有擦伤、刺伤等，有外在伤口，容易受到感染；常见的闭合性损伤有肌肉韧带损伤、关节脱位等，虽然没有外在伤口，但是患者往往疼痛难忍。

（3）按照受损伤的程度进行分类，运动损伤可以分为轻度、中度、重度伤等。一般情况下，轻度伤不会影响有机体的正常活动，还可以进行锻炼；中度伤在受伤后会造成局部活动受限，必须减少受伤部位的活动；重度伤则需要停止任何活动，患者需积极接受治疗。

（4）按照受损伤的病程进行分类，运动损伤可以分为急性损伤和慢性损伤。急性损伤通常指人体在瞬间遭受暴力，立刻出现异常症状；慢性损伤通常指由于损伤累积而造成的劳损或陈旧性伤病。

2. 运动疾病的类型

运动疾病指因剧烈运动引起的机体不适。运动疾病有多种类型。

（1）按照病况进行分类，运动疾病可以分为循环系统疾病、呼吸系统疾病、消化系统疾病、泌尿系统疾病、造血系统疾病。

---

① 王海源.常见运动伤病的救治与处置[J].连云港师范高等专科学校学报，2016，33（02）：85-89.

（2）按照病因进行分类，运动疾病可以分为运动性中暑、运动性冻伤、溺水等。

（3）按照病势进行分类，运动疾病可以分为慢性病和急性病。常见的慢性病有运动性贫血、过度疲劳等，常见的急性病有运动性昏厥、运动性猝死等。

（二）运动伤病的处理

通常情况下，运动伤病的发生毫无预兆。因此，运动伤病的处理具有“临时急救”的特点，以快速、紧急处理伤情为主。若采取的救治方式不当或救治不及时，极有可能对伤病者造成严重的伤害。为减少运动伤病的不当处理，普通民众需要了解基本的救治操作和救治常识，以便在危急时刻实施正确的自救或互救。

1. 闭合性损伤的处理

闭合性损伤常常发生在关节部位，一般由钝力造成，无体表皮肤、黏膜的破裂。患者的受伤部位通常会出现局部肿胀、功能障碍，按压时有明显的痛感。户外拓展训练中常见闭合性软组织损伤，例如，因失手造成的肌肉拉伤、挫伤、脱臼等。

若发生了闭合性损伤，可做如下处理。

（1）制动。有机体立刻停止运动并限制受伤部位的活动范围，认真诊断损伤部位，明确受伤程度。绝对不能采取热敷、按摩等手段，增加炎症反应，减缓愈合过程。

（2）冷敷。伤者受伤后，可在48小时之内进行冰敷，以降低组织温度、促进血管收缩，减轻疼痛，防止受伤部位发炎或肿胀。

（3）包扎。用纱布或绷带将受伤部位包住。包扎这一步骤非常重要，不仅可以对受伤肌肉、韧带、骨骼起到一定的支撑作用，还可以防止出血、瘀血，防止再度受伤，伤情恶化。

（4）抬高伤肢。受伤者的受伤部位需要抬高至心脏以上，以起到消肿的目的。

2. 开放性损伤的处理

开放性损伤通常在损伤部位有明显的伤口，处理不当，极易造成感染。擦伤、割伤、刺伤、裂伤等在户外拓展训练中十分常见。擦伤是指皮肤被粗糙物擦破，表皮破损，伤口有擦痕、血点，有组织液渗出；割伤是由锋利的器物所割破，伤口有不同程度的出血现象；刺伤是由尖锐物体刺入身体所致，伤口小而深，极易发生伤口感染化脓；裂伤主要因钝器打击所致，伤口穿插不齐、组织破坏缺损、有不同程度出血，故伤口容易发生感染。[①]

若发生了开放性损伤，可做如下处理。

（1）止血，即防止受伤部位大量出血。常见的止血方法有以下几种。

①加压包扎法。此方法用于小伤，需要先清洗伤口，再用绷带进行加压包扎。

②指压止血法。此方法分为直接和间接两种，直接指压法指用手指直接接触伤口，压住出血部位，容易使患者受到感染；间接指压法指用手指压住出血动脉附近的血管以阻断血流。

③鼻血止血法。用药棉塞住伤者的鼻孔以止血或命令伤者平躺，将冷毛巾敷在伤者的前额、鼻部。

（2）包扎。此方法作为运动损伤中常用的处理方法，具有保护伤口、止血、减轻疼痛等作用。常见的包扎方法有以下几种。

①绷带包扎法，即用绷带、纱布等对伤部进行缠绕，限制受伤肢体的活动范围。常见环形包扎法、8字形包扎法等。

②三角巾包扎法，即用三角巾对伤部进行缠包。三角巾包扎法可用于头部、面部、胸部等诸多人体部位。

---

① 王海源.常见运动伤病的救治与处置[J].连云港师范高等专科学校学报，2016，33（02）：85-89.

三、科学发展观理论

科学发展观理论坚持以人为本、坚持全面、协调、可持续。构建户外拓展训练安全保障体系是为了消除训练过程中的安全隐患，消除安全事故的发生，保证参与人员的人身安全，充分体现了“以人为本”的思想，同时，在体系构建的过程中要始终以促进拓展行业全面、协调和可持续发展为目标，以统筹兼顾的思想来探索安全保障体系中各个子系统的构建，站在矛盾论和辩证法的高度分析问题和解决问题，力争在体系构建的过程中统摄全局，在消除安全隐患方面，通过体系的构建达到不留死角的效果。①

在整个拓展训练活动中，学员是培训的主体，必须坚持人性化的培训原则，做到以下几点。

（1）在最大程度上保障参与者的安全，不能顾此失彼，不能对学员区别对待。

（2）做到因人而异，针对不同人群实行不同的安全保障措施。

（3）在保护参与者的同时，维持其参与培训的积极性，避免过度保护损害参与者的训练热情。

四、风险管理理论

通常情况下，风险管理指对生产活动中出现的风险或可能出现的风险进行的有效管理。具体来说，风险管理包括风险识别、风险量化、风险评价等一系列的风险分析活动，从而实现对风险的规划、控制，提升系统应对不同危险的水平，加强系统应对不同威胁的能力，最终实现项目总目标。

构建户外拓展训练安全保障体系就是为了消除风险，对拓展训练各个环

---

① 张伟.拓展训练安全保障体系构建研究[D].北京体育大学,2013.

节的风险进行识别和评价。在体系的构建过程中，通过制定相关规章制度、规范教练培养的系统性、建设标准化基地等多种方式，对风险加以控制，最终做到保障学员的安全。

五、木桶理论

木桶理论的具体内容如下：一个木桶由长短不一的木板组成，木桶的盛水量取决于最短的一块木板，而与其他较长的木板无关。

在构建户外拓展训练安全保障体系的过程中，需要细心搜索，仔细考察与求证，考虑各种导致安全问题的因素，力争整个安全保障体系不存在短板。

第二节　构建户外拓展训练安全保障体系的基本原则

我国的户外拓展训练安全保障体系就是指通过提供一系列的措施和机制，确保我国户外运动中各相关主体（主要指户外运动的参与者、组织者，具体来说包括户外运动爱好者、户外俱乐部、社会团体、户外从业人员等）的安全，使其免受不可接受的损害风险或尽量减少其损失。[①]构建户外拓展训练安全保障体系需要遵循一些基本原则，只有这样，才能保证整个体系的科学性、有效性。

---

① 王晶.论我国户外运动的安全保障体系的构建[D].北京体育大学,2017.

一、系统性原则

户外拓展训练安全保障体系是多个子体系相互联系所构成的统一整体，体系中各种要素相互制约，相互联系，十分复杂。因此，构建体系时，需要遵循系统性原则。

户外拓展训练安全保障体系需要覆盖与系统安全相关的方方面面的内容，将体系中各子系统根据目的性、层次性、相关性、整体性的原则加以组合，确保各子系统之间的相互制约。

户外拓展训练安全保障体系主要由五个子系统组成（图6–1）。

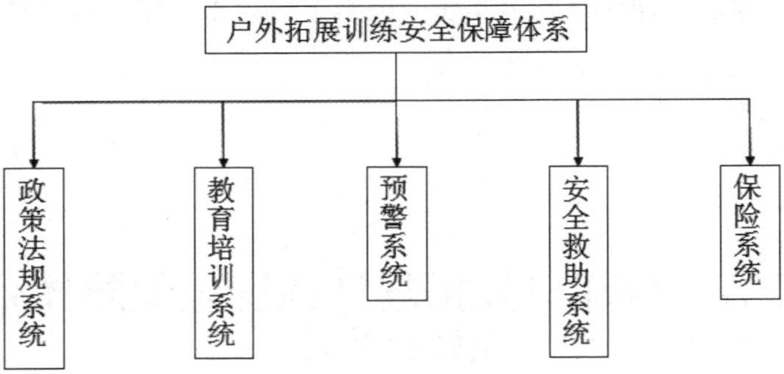

图6–1 户外拓展训练安全保障体系

（1）政策法规子系统。政策法规子系统是整个体系的上层指导，通过法律的权威性提高户外拓展训练参与者的安全意识，包括宏观的政策法律法规和微观的行业规章制度（图6–2）。

其中，宏观方面，国家体育总局是我国户外拓展训练的最高管理机构，负责制定具有我国特色、符合我国具体发展的政策法律法规，例如，户外装备标准法等。微观方面，具有行业制度条例、俱乐部企业部门规章两个不同层次，例如，制定攀岩场地标准等。政策法规子系统从宏观到微观，保证了户外拓展训练活动的参与者、从业人员的安全，确保了俱乐部、环境场所健康、有序地发展。

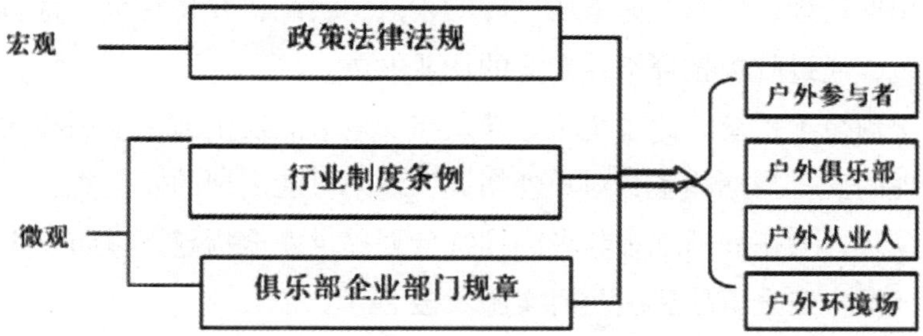

图6-2　户外拓展训练安全保障体系之政策法规子系统

（2）教育培训子系统。“观念”是最难改变的，也是影响我国户外拓展训练发展的重大因素。在训练活动中承担一定的风险，不等同于盲目参与、将自身和他人的安全置之度外。构建较为完善的教育培训子系统，向大众和专业人士普及户外拓展训练的相关理念，力图解决拓展训练发展过程中存在的许多问题。

教育培训子系统包含普及教育和专业教育两个不同的层次（图6-3）。

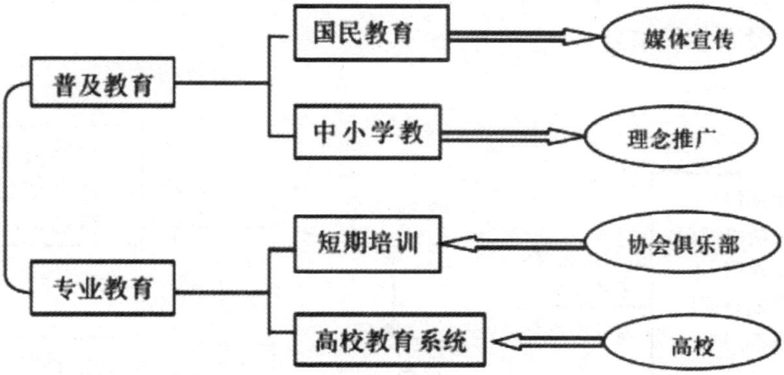

图6-3　户外拓展训练安全保障体系之教育培训子系统

其中，普及教育主要通过电视、网络等媒体宣传手段，介绍户外拓展训练安全常识，宣传安全观念，增强大众的安全防范意识，树立理想参与户外拓展训练的习惯，将安全知识教育纳入国家教育、中小学教育之中，对参与人产生潜移默化的影响；专业教育指相关体育部门或俱乐部通过组织从业人员参与短期培训，培养专业素质过硬的领队、教练，并将安全教育引入高校教育系统，通过院校教育培养专业的从业人员。

（3）预警子系统。此系统主要涉及在安全事故发生前，采用科学的手段构建合理的安全指标体系，对户外拓展训练中可能出现的安全隐患、安全因素进行预防，为拓展训练参与者的训练计划提供安全指导，以防发生安全事故或保证发生安全事故后能及时实施救援。

预警子系统主要针对两种情况：一是提前发出预警信息，避免在进行户外拓展训练的过程中发生意外事故；二是及时发布已出现事故的通报预警，及时实施救援，避免造成严重的损失，保护参与者的生命、财产安全。预警子系统需要包括气象部门、体育部门、卫生防疫部门等多个部门间的相互协调。

预警子系统包括两部分，即信息收集部分和发布信息部分（图6–4）。收集的信息包括台风暴雨等自然灾害信息、当地治安状况、交通状况等社会信息和一些景区的特殊情况信息，例如，景区内的事故多发区域、易燃防火区域等。信息的发布需要遵守时效性的原则，通过一定的技术支持（如卫星技术、GPS技术等）在相应的安全预警平台（如电视、微信、微博等网络平台）上发布相关信息。

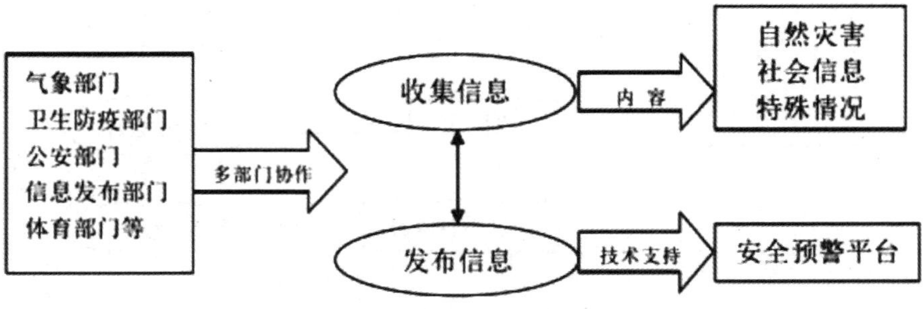

图6–4 户外拓展训练安全保障体系之预警子系统

（4）安全救助子系统。此系统是户外拓展训练遇险中采取措施的主要环节。目前，我国建立起统一的安全救助系统，发展政府救援、民间救援的联动机制（图6–5）。一旦发生意外事故，登山协会救援部需要肩负主要的救援任务，与公安、医疗机构等政府部门和一些专业的救援队展开积极配合，进行救援工作，保证人员的生命安全和财产安全。

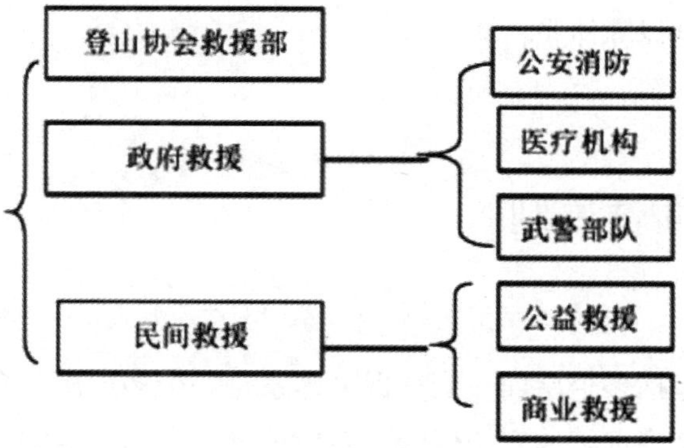

图6-5　户外拓展训练安全保障体系之安全救助子系统

（5）保险子系统。此系统属于事后赔偿体系，保险公司提供的户外保险能够有效地帮助户外拓展训练参与者、组织者以及救援队降低、转接风险，解决他们的后顾之忧，保证户外拓展训练安全、长久、有序、健康地发展（图6-6）。

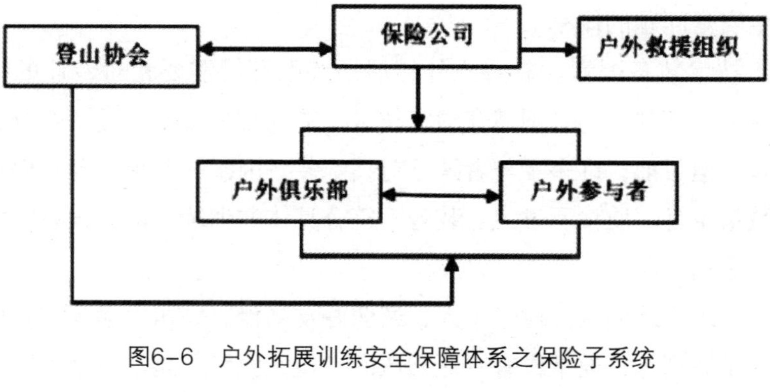

图6-6　户外拓展训练安全保障体系之保险子系统

五大子系统中，政策法规子系统处于基础地位，以具体政策法规指导、规范其他五大系统的内容；教育培训子系统和预警子系统是安全保障体系中的核心系统，直接关系到户外拓展训练参与者的人身安全；安全救助子系统和保险子系统在整个安全保障体系中，起到支持、保障的作用。五个子系统组成的安全保障体系是一个集政府、社会、公众合力的统一整体，是一个从宏观到微观的多层次体系，是一个以政府为主导，引导社会和广大群众发挥主体作用的安全保障体系。

二、全面性原则

安全问题包括多个层面，安全保障体系是一个多层次、多角度的立体结构，构建户外拓展训练的安全保障体系应该遵循全面性原则，从安全性层次出发，对拓展训练过程中可能出现的安全问题进行详细的分析，避免遗漏可能出现的安全隐患，全面考虑各种安全因素。

主要有四大因素影响户外拓展训练的安全。这四大因素相互作用，相互影响。

（1）活动参与者因素。参与户外拓展训练的人大多缺乏户外活动经验，缺乏专门的户外拓展培训，不了解拓展训练中的潜在风险，有的参与者甚至隐瞒自身的疾病，在训练过程中不听教练的指挥，私自行动，盲目自信，增加了发生安全问题的概率。

（2）技术装备因素。有些户外拓展训练的开展需要相对专业的技术设备，有些俱乐部和机构必须遵守国家技术标准的相关规定，配备符合要求的技术装备。但目前，许多参与者缺乏对技术装备因素的重视，导致出现技术装备的数量不足、质量不过关、装备不符合具体的训练活动、设备频频出现故障等一系列问题。

（3）组织管理因素。通过个人、亲朋好友结伴、公司团建等多种形式开展的户外拓展训练，通常没有专业领队的参与，教练员与学员之间缺乏沟通交流，教练没有制定完备的训练活动计划、应急预案等。混乱的组织管理会增加发生安全问题的概率。

（4）环境因素。环境因素包括自然环境、社会环境等。具体的环境因素包括暴雨、雷电、雨雪等；社会环境包括政治动乱等。

四种因素共同影响着户外拓展训练参与者的人身安全，从概率上来说，户外拓展训练事故必然会发生，因此，我们需要全面考察训练过程中的各项要素，提高防范意识，争取做到防患于未然。

三、可控性原则

构建安全保障体系不应该仅仅停留在理论层面，更重要的是，遵循可控性原则，发挥实践的可控作用。五大子系统应该在科学合理的安全规范指导下，把握整个安全保障体系的可控性，有效地管理安全环境、安全设备和安全技术。

四、有效性原则

构建较为完备的户外拓展训练安全保障体系需要遵循有效性原则，将有效性作为出发点和落脚点，不断总结构建过程中出现的问题，时刻反思、时刻检讨，不断深化、细化安全保障体系。

有效性原则需要把握好户外拓展训练活动的主要问题、主要矛盾，处理体系中经常出现的重点问题，解决各种安全隐患。关注安全保障体系的实际效果，而不仅仅停留在表象上。建设者在实际的构建过程中要善于把握事物的本质，有效解决重点、难点问题，并解决一般性问题。

五、动态性原则

构建户外拓展训练安全保障体系需要遵循动态性原则，不断检验、积极调整内部因子，保证整个系统的动态平衡。

第三节　构建户外拓展训练安全保障体系的策略

构建户外拓展训练安全保障体系需要掌握一定的策略，做到具备“高度的安全意识、可行性强的风险评估体系、规范的行业管理体系、完善的法律法规体系、一体化的监督体系、完备的教练保障体系、规范的基地建设体系、现代化的后勤保障体系、全方位的应急保障体系、健全的保险机制”等，正确看待各拓展项目的特点及安全风险，不断消除安全隐患。

一、提升参训人员的安全意识

安全意识是保证户外拓展训练安全实施的最为重要的内容，参训人员要么有安全意识，要么没有安全意识，这中间没有过渡区域。只有参训人员首先具备安全意识，才有必要采取一定的手段保证人员在户外拓展训练中的人身安全，没有安全意识，构建户外拓展训练安全保障体系根本无从谈起，也缺乏必要。

（一）提升训练前的安全意识

（1）在开展户外拓展训练活动前，准确填报自己的姓名、身份证号、既往病史等相关信息。

（2）确认自己已购买保险，如意外伤害险或医疗保险等。

（3）在随身携带的物品衣物中，清空不符合拓展训练要求的东西。

（4）携带药箱，配备常规药品。

（二）提升训练过程中的安全意识

户外拓展训练活动中的安全指参训人员在参与活动的过程中，身处的环境受到保护，从而保障人的身心状况处于正常状态。学员应该在“大安全观”的指导下，接受安全教育。训练过程中不仅需要有身体上的安全保障，还需要有全方位的安全保障，其中包括诸多方面的内容。

（1）身体安全：保护身体免受伤害。

（2）心理安全：心理承受压力处于可接受的范围。

（3）行为安全：不做违反道德、法律规范的事情。

（4）器械安全：器械、项目道具符合具体的标准。

（5）环境安全：具有环保意识和习惯。

二、构建可行性强的风险评估体系

开展训练活动前，需要对培训过程中的各安全环节进行风险评估，对可能出现的安全隐患或安全保证体系中的薄弱环节做到心中有数。

（一）风险评估体系中的有效工具

《拓展训练风险评估表》可对拓展训练过程中可能出现的风险进行评估，具有一定的可行性。有调查人员请具备一定资历的拓展专家对《拓展训练风险评估表》进行可行性分析，具体情况如表6–1所示。

表6–1 有关专家对《拓展训练风险评估表》的可行性评价

	非常可行	比较可行	一般	不可行	很不可行
数量	12	7	1	0	0
百分比（%）	60.0	35.0	5.0	0	0

调查结果表明，没有专家认为《拓展训练风险评估表》“不可行”或

“很不可行”，有经验、有资历的专家普遍认为此风险评估工具实用、有效，能够在一定程度上排除安全隐患。

《拓展训练风险评估表》常涉及包括教练、培训基地、保护装备、项目安排、应急预案、交通安排情况在内的六大内容。每项内容都有具体的评估标准，以便对拓展训练风险进行较为准确的评估。例如，保护装备有使用时间、使用频率、保养频率等多项具体的评估标准。通常，使用时间为1年被认为“非常安全”；使用时间为2年被认为“安全”；使用时间为3年被认为“一般安全”；使用时间为4年被认为“不安全”；使用时间为5年被认为“非常不安全”。因此，相关机构场地需要定期检查、更换保护设备，降低安全风险。

（二）风险评估体系中针对安全隐患提出的解决方案

拓展公司需要召集相关人员（如培训总监、销售、培训主管、后勤、拓展教练等）在训练活动开展之前，对《拓展训练风险评估表》中的相关内容、具体事项进行现场评估，重点解决和处理评估中出现的“不安全”“非常不安全”的问题，彻底扼杀安全隐患，并提出具体的解决方案（表6–2）。

表6–2　拓展训练安全隐患解决方案实例①

安全隐患	出现问题	解决方案
培训教练	无责任心、不专业、 有事故记录	方案一：更换教练； 方案二：培训监督、重点关注
培训基地	使用年限超过5年、 维护不到位、 设施不标准	方案一：更换基地； 方案二：对安全不达标设备进行重点检查
保护装备	使用年限超过3年、 勒痕明显、丝扣不紧	方案一：更换设备； 方案二：对设备进行重点检查
项目安排	危险、高强度训练项目偏多	对安全风险较大的项目进行重点关注
应急预案	不专业、不细致	根据具体情况完善应急预案
交通安排	车况不好，司机不专业	更换车辆、司机，备勤跟车

① 张伟.拓展训练安全保障体系构建研究[D].北京体育大学,2013.

三、构建规范的行业管理体系

在我国，户外拓展训练的发展经历了有序竞争、不良竞争，到如今的恶性竞争，追究其本质原因是整个行业缺乏强有力的管理，尚未建立起规范的行业管理体系。

（一）成立职责明晰的政府机构

政府管理机构具有一定的管理职能、话语权，能够在一定程度上规范市场的行为。政府机构应充分发挥其管理职能，改变目前户外拓展训练行业混乱、安全事故频发的现状，建立权责分明的管理体系和专门的政府管理机构。

基地的建立与审批、维护与检查、事故的救援等各项事务均离不开政府管理部门的组织，管理机构的建立有助于户外拓展训练全面、协调、可持续的发展。户外拓展训练政府管理机构如图6–7所示。

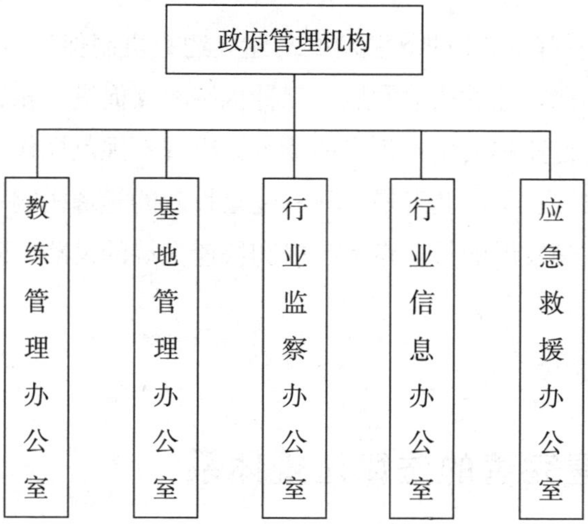

图6–7　户外拓展训练政府管理机构示意图

政府管理机构下设五个具体的职能部门。

（1）教练管理办公室。负责建设户外拓展教练专业化队伍，具体工作有：教练培训、考核、等级升降、教练注册等。

（2）基地管理办公室。负责建设标准化基地，具体工作有：基地审批、建设、维护、考察等。

（3）行业监察办公室。负责监督、查处行业内的违法违规行为，具体的监察工作包括监督教练、基地、安全等在内的诸多事宜。

（4）行业信息办公室。负责构建行业信息发布平台，收集与整理相关信息，并及时发布在建设的平台上。

（5）应急救援办公室。负责建设应急救援队伍，研究与推广有效的应急救援方法，完成救援任务等。

（二）建立长效管理机制

户外拓展训练安全保障体系的构建、规范的行业管理体系的形成并非一日之功，也不能够短期见效。成立职责明晰的政府管理部门是拓展训练管理行业的基础，更为重要的则是建立长效的管理机制。

管理部门要想发挥管理效能，必须具备有效的管理机制，根据户外拓展训练的行业特点，制定有针对性的管理措施、规章制度。除此之外，建立强有力的运行机制保障行业的有序发展，建立约束机制保证行业的规范发展，建立动力机制确保行业的快速发展。三种机制相互促进、相辅相成，能够在一定程度上避免行业中发生不正当的竞争，出现不规范操作，最终导致整个行业的不健康发展、不协调发展。只有建立长效的管理机制才能够帮助户外拓展训练这一蓬勃发展的行业走上有序和快速发展的道路，降低安全事故的发生。

四、构建完善的法律法规体系

自从我国引入户外拓展训练之后，户外拓展训练有了爆发式的发展。但在发展中出现了诸多问题，最引人关注的是安全问题。户外拓展训练活动中频频发生安全事故，使得多条生命命丧黄泉，让人心痛。例如，曾在济南黄河共青森林公园发生攀岩墙坍塌的事故，造成了5死5伤的严重人员伤亡，引起了社会的广泛关注和大量群众的恐慌。因此，我国必须建立完善的法律法规体系，对户外拓展训练行业加以规范。

国家立法是规范一个行业最有效的方式，任何一个行业的发展都需要遵守国家法律的规范。相关政府部门应该出台有关法律法规，规范户外拓展训练市场，保障参训教练、学员等人的人身安全，降低大众对拓展训练的顾虑。目前，国家在《刑法》《消费者权益保护法》《治安管理处罚条例》等多项条款、多条法律法规中均有相应条文针对群体性活动（包括户外拓展训练），但是有关条文忽视了户外拓展训练行业的特殊性，没有专门针对户外拓展训练具体环节的相关规定。

国家或地方政府部门有必要制定具体、有针对性的法律法规规范户外拓展训练市场。地方或行业协会需要以国家法律为依据，建设户外拓展训练行业规范，可在户外拓展训练行业准入标准、教练员的培训与管理、装备使用、基地的建设与维护、应急救援等诸多方面制定较为严格的标准，明确具体的处罚措施，严重打击违法违规行为。例如，规范培训师的考核认证、注册，帮助构建出更为专业的培训师队伍，将不合格的教练排除在教练队伍之外，降低参训学员的安全隐患。

只有构建了相对完善的法律法规制度体系，才能够使户外拓展训练中的众多监督人员、从业人员、参与人员做到有法可依、有法必依，使户外拓展训练在我国繁荣发展。

五、构建一体化监督体系

在户外拓展训练中，着力构建全方位、一体化的监督体系，有助于安全保障体系的完善，提升拓展训练的安全系数。户外拓展训练安全保障监督体系如图6–8所示。

监督体系要做到“信息公开”，将政府监督、市场监督、社会监督、媒体监督有效地结合在一起，形成一体化监督模式，争取每一个环节都能监督到位，保证整个监督体系不留死角。在政府监督、市场监督、社会监督、媒体监督中，政府监督起着关键性的作用，明确了行业底线，具有较强的威慑性。政府要明确自己的领导地位，积极协调组织，做好宣传工作，充分调动广大人民群众的积极性，建立行之有效的奖惩机制，对于主动举报和曝光拓展训练行业中违法违规操作和拓展训练事故的个人和媒体进行奖励，对于违法违规操作的拓展公司加大处罚力度，对于因违法违规操作造成重大事故的公司吊销营业执照，并随时将拓展公司的违法违规行为和出现的事故通过"拓展训练信息网"加以公布，做到信息公开化、透明化，以利于广大参训企业上网查询并选择安全等级高的拓展公司。[①]

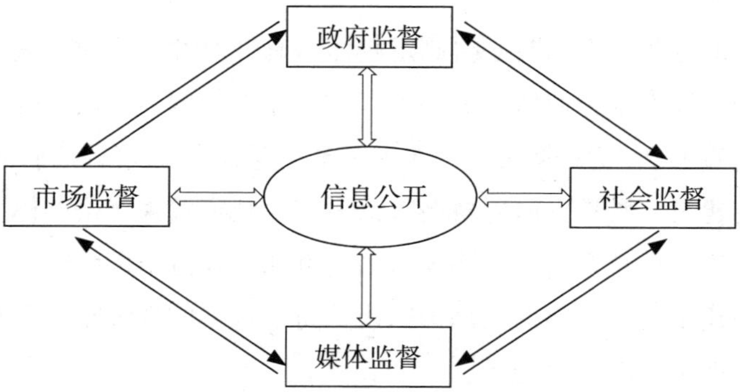

图6-8　全方位、一体化安全保障监督体系

六、构建完备的教练保障体系

户外拓展训练的教练与参训学员的安全直接相关，如果教练员的专业知识、专业技能不过关，态度敷衍，做事粗心大意，那么学员的安全就会受到极大的威胁。但现阶段户外拓展训练的教练培训市场十分混乱，培训教材、培训时间都没有统一的规定。在很多情况下，教练仅仅接受过短期的简单培

① 张伟.拓展训练安全保障体系构建研究[D].北京体育大学,2013.

训，甚至没有跟队的实习经历，就开始尝试独立带队。甚至有些教练没有参加过任何专业的培训，仅作为参训者接触过户外拓展训练的培训领域，就自以为是地在一些机构中担任教练。没有接受过专业培训、没有专业认证的教练，常常会产生不规范的操作，不能凭借自身的专业能力及时发现训练过程中的安全隐患，从而导致训练事故的发生。

由此可见，户外拓展训练安全保障体系的构建离不开规范教练培养体系，形成包括培训、考核、注册、等级升降等内容在内的规范体系。国家有关部门可以鼓励、组织多家较有影响力的户外拓展训练公司组建行业协会，邀请行业专家进行研究讨论，制定统一的教练培训、考核、注册、等级升降机制，通过建立此机制提升教练员独立组织开展拓展训练活动的门槛。与此同时，对市面上的多家参训机构、单位开展宣传活动，定期审核教练的从业资格，保证高水平的教练员队伍。加强对拓展训练机构的管理，若有企业聘请不具备相关从业资格的教练，要严格根据有关规定对其进行处罚。

户外拓展训练教练培养认证体系如图6–9所示。

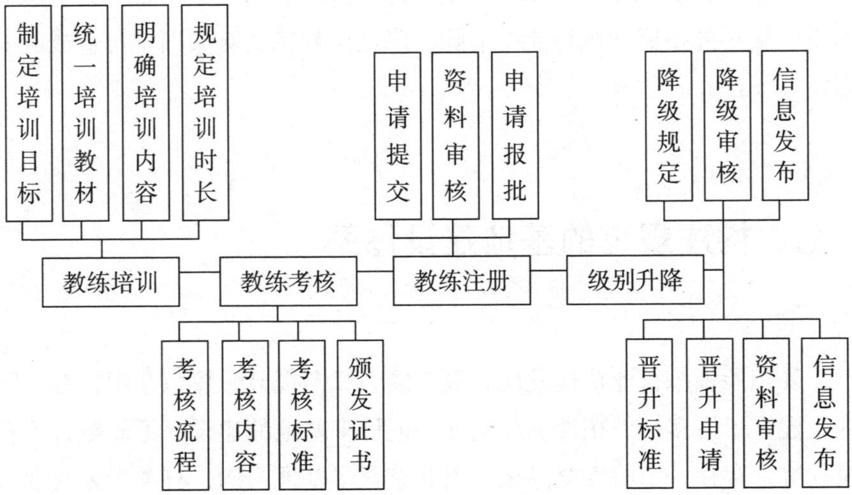

图6–9　户外拓展训练教练培养认证体系[①]

① 张伟.拓展训练安全保障体系构建研究[D].北京体育大学,2013.

此教练培养认证体系对教练培训、考核、注册、级别升降各个环节都做了具体的规定。

（1）针对教练培训环节，需要选择统一的培训教材、培训内容，明确统一的培训时长、培训目标。

（2）针对教练考核环节，需要制定统一的考核流程、考核内容、考核标准，向最终通过考核的教练颁发证书。

（3）针对教练注册环节，需要考核合格的教练在指定的注册平台、查询系统上提交材料，相关管理部门对材料进行认真审核，对符合标准的教练进行报批，予以注册。

（4）针对级别升降环节，需要管理机构首先制定明确的教练升降标准，对于降级处罚，要向教练员所在有关机构进行核实，若信息无误，符合降级规定，执行降级决定并发布有关信息；对于升级奖励，要教练员提出晋升申请，提交相关资料，管理机构对相关资料进行审核，若符合晋升标准，予以晋升、换证，并及时发布信息。

只有做到以上几点，才能从根本上保证教练员的质量，将不具备从业资格的教练从户外拓展训练行业中清除，降低由教练员对参训学员造成的安全隐患。

七、构建规范的基地建设体系

户外拓展训练行业快速发展，吸金能力日渐提升，短短几年，在全国范围内，建立了许多户外拓展训练基地。但许多基地的建设并不规范，不符合国家标准，存在一定的安全隐患。以北京众多基地为例，有关专家对北京基地进行了细致的观察、比较，最终得出结论：北京的拓展训练基地建设很不规范。具体表现在以下几个方面。

（1）户外项目设施的高度不符合规定，有些相同项目设施的高度并不一致。

（2）户外拓展架的钢管直径不一，有大有小。用于保护参与者人身安全的钢缆有粗有细。

（3）不同基地高空拓展架的设计不同，五花八门。

以上现状和具体的建设问题明显暴露了户外拓展训练基地存在的诸多问题。

（1）缺乏国家机关、政府部门规范户外拓展训练基地的建设。

（2）户外拓展基地建设所采用的材料和具体的建设规格，缺乏统一的标准。

（3）国家对拓展基地的建设问题尚未建立起有效的管理机制。

户外拓展基地的规范化管理对于确保拓展训练的安全非常重要，是构建户外拓展训练安全保障体系中不可缺少的重要内容。

构建规范的基地建设体系，需要涉及基地审批、基地建设、基地维护、基地检查四大环节。

（1）针对基地审批环节，需要充分考虑申建地址的自然环境、地理结构，对基地选址进行可行性分析。深入了解当地户外拓展训练的发展情况，考察承建单位的经济实力，看其是否有充足的资金投入。仔细审核施工单位的资质，考察施工单位之前建设设施的质量。在此环节中，要做到严格审批标准，规范审批流程。

（2）针对基地建设环节，需要报批设计图纸，明确建设标准，检查施工材料，对整个工程工作做好监理。

（3）针对基地维护环节，需要制定明确的标准，对维护频率、维护质量提出具体的要求。

（4）针对基地检查环节，需要全面考察基地建设、基地维护、基地使用和基地管理问题。

八、构建现代化后勤保障体系

户外拓展训练安全保障体系的构建离不开现代化的后勤保障体系。后勤保障工作在很大程度上影响着参训学员的健康与安全，影响着拓展训练活动的成败。

到目前为止，出现过多起因后勤保障不到位造成的安全事故。例如，有学员在结束当天的训练活动，返回宿舍休息时，被房间内坠落的风扇砸伤。有学员在篝火晚会期间，吃了烧烤而食物中毒。更常见的安全事故出现在交通方面，因司机一时疏忽或糟糕的路况发生较为严重的交通事故。

通常情况下，集体参与户外拓展训练，会有专门的后勤主管统一负责后勤保障相关事宜。后勤主管的工作职责涉及检查装备器材、安排交通、住宿、餐饮等多项内容（图6-10）。

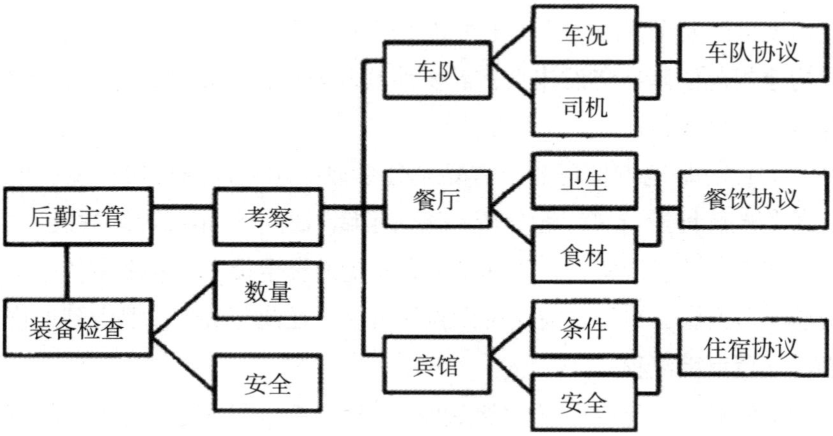

图6-10 户外拓展训练后勤保障流程

（1）在开展拓展训练之前，仔细检查装备设施，清点装备的数量，保证各项目装备的安全性。

（2）在车队方面，考察车辆的车况、司机的个人情况，对司机进行把关，与司机沟通确保其知悉行进路线，并签订车队协议。

（2）在餐饮方面，考察餐厅的卫生情况、食材情况，与餐厅负责人签订餐饮协议，保障拓展训练参与者的饮食安全。

（3）在宾馆方面，考察住宿的条件，宾馆防火、防盗等安全问题和安全隐患，与宾馆负责人签订住宿协议，约束其行为。

其中，每一环节都与参训学员的安全息息相关，在户外拓展训练活动的全程，需要做好后勤保障工作，服务好拓展训练的参与者，在装备、交通、餐饮、住宿等多方面提供安全保障。

九、构建全方位的应急保障体系

全方位的、健全的应急保障体系对于保障户外拓展训练参与者的安全非常重要。全方位应急保障体系的建构需要有关机构、医院、培训主管的通力合作。

（1）有关机构需要在开展户外拓展训练之前，详细了解基地附近的医院（包括村镇医院、区及以上级医院等）并与医院取得联系，掌握医院的具体位置、急诊室电话、交通路线图等。

（2）培训主管在开展户外拓展训练之前需要提交书面《应急保障预案》。应急保障实行培训主管负责制，提前设计的应急保障预案能够帮助有关部门有条不紊地应对训练过程中出现的突发状况，对伤者展开及时、有效的救助。在此预案中，需要结合基地环境、具体的天气状况、参训人员等一系列现实情况，详细预测可能会出现的突发状况，并在预测的基础上提出较为完备的解决方案。

（3）后勤保障人员、教练需要详细了解培训主管提出的应急预案中的相关内容，保存培训主管的联系方式，以便在遇到突发状况时及时联系到培训主管。

（4）所有参训人员需要自行携带应急药箱，备足药品（如治疗感冒发烧、中暑的药品）以及酒精、绷带等。

（5）应急保障负责人需要时刻待在培训现场，在户外训练场地内不停地巡视，确保应急救援车辆始终停放在培训现场，以便随时发现问题。若不幸遇到突发状况，负责人要根据现场的具体情况，迅速考量事件的严重性，采取有效的应对措施。对于能自行处理的受伤、生病的学员，可以利用事先准备好的应急药箱展开施救或尽快将其送往医院救治。对于伤情较为严重、无法进行自行处理的伤员，先与最近医院的专业医生取得联系，实施救治，再联系具有一定规模的、医疗条件相对较好的医院，请求其派出急救车辆，救治伤情严重的学员。

十、构建健全的保险机制

目前，我国户外拓展训练行业中还存在着许多操作不规范的人，许多不合格的、维护不到位的基地建设，超负荷使用的保护装备等。即使有相应的规章制度，也不能完全承诺学员的人身安全。因此，有必要为所有参与户外拓展训练的学员购买保险。健全的保险机制是保障参训学员安全的最后一道保障。

如今在户外拓展训练行业中，有关机构为学员购买保险的意识不强，鲜有机构主动为学员购买保险。这不仅对参训学员不利，当真的发生安全事故时，也对机构不利，机构也许需要承担巨额的赔偿风险。与此同时，保险公司缺乏对整个拓展训练行业的了解，尚未推出有针对性的保险产品，而是用旅游意外险敷衍众多组织户外拓展训练的机构，旅游意外险有关协议中制定了许多不利于理赔的条例，且发生意外事故后，理赔金额低、理赔程序复杂。种种不利条件使得许多户外拓展训练机构丧失了购买保险的热情和信心。但出于对学员安全负责、对公司利益负责的态度，广大户外拓展训练机构仍然有义务为学员购买保险。

任何人都不想在户外拓展训练中遭遇安全事故，然而，偶然性与必然性相伴而生，二者密不可分。即使安全保障措施做到几乎完美，仍旧无法消除偶然性事故的发生，做到100%的安全。正是出于此原因，人们才需要选择投保，预防自身遭遇不幸的偶然事件。户外拓展训练更是集诸多偶然性因素于一身，有购买社会保险的必要，所有学员一定要在参与拓展训练前购买社会保险。

第七章

户外拓展训练安全保障体系相关实例分析

由于户外拓展训练是在较为复杂的自然环境下进行的，因此在运动过程中时常会出现一些意外事故，出现这一情况也是正常的。为了最大可能地降低户外拓展训练的风险，需要构建一个科学合理的安全保障体系，这一保障体系涉及多方面的内容，如营养保障、运动损伤保障、医务监督等。本章就对这几个方面的内容做重点的研究与分析。

第一节　营养保障体系

一、人体运动所需的营养素

无论是职业运动员还是普通人，在运动训练和日常生活中，两者都需要各种营养素的摄入，如此才能满足运动机体的需求。如人们在参加户外拓展训练时，一定要注意营养摄取的全面性，不全面的营养摄入会影响身体的健康发育，不利于运动的顺利进行。由此可见，营养摄入的重要性。

在参加户外拓展训练时，人体需要以下几种营养素来满足机体运动的需要。

（一）水

水在人的生命活动中扮演着十分重要的角色，离开了水，人的生命活动也就无法存在，由此可见水的重要性。在人体各种营养素中，水的含量是最多的，约占人体体重约2／3。水的缺乏会导致人体各种生理功能受限，不利于人体的健康发展。水对于人体的主要作用在于参与人体代谢过程、促进腺体分泌正常以及调节体温。当然，还有其他方面的作用。

对于普通人而言，每天基本的水摄入量为2 000～2 500毫升。对于经常参加运动锻炼的人而言，一定要注意水分的摄入，要比日常生活中水的摄入多一些，这样才能维持机体的需要。

（二）糖类

一般来说，糖类主要有单糖、双糖和多糖之分。其中，单糖主要有葡萄糖和半乳糖，双糖有乳糖、蔗糖和麦芽糖，多糖则有淀粉、糖原和果胶。

糖具有以下几个方面的功能，无论是在平时的生活中还是运动锻炼中都要补充充足的糖类，以维持机体所需。

第一，糖类是一种重要的维持机体正常运转的能量供应物质。

第二，糖类易于被人体所吸收和利用，为人体提供重要的能量。

第三，糖类是构成人体细胞和神经的重要物质，在人体各类营养素中占据着十分重要的地位。

我们日常所食用的各种食物中，如米、面、水果、牛奶等都含有大量的糖类，日常的饮食一般都能满足机体对糖的需求。

（三）脂肪

脂肪这一营养素主要由碳、氢和氧等元素构成。其功能主要体现在以下几个方面。

第一，脂肪能帮助人们更好地维持正常的体温。

第二，脂肪能很好地保护人体内脏器官不受破坏。

第三，脂肪是构成人体细胞的重要成分。

我们平时常见的肉类、蛋黄、花生等食物中都含有大量的脂肪，日常的饮食一般就能满足机体对脂肪的需求。

（四）蛋白质

蛋白质主要由氧、碳、氢和氮等元素构成，它有完全蛋白质、不完全蛋白质和半完全蛋白质之分。蛋白质对人体的营养功能主要包括以下几个方面。

第一，蛋白质是构成人体细胞的重要物质。

第二，蛋白质能在一定程度上修复人体受损的细胞。

第三，蛋白质能为人体提供所必需的能量。

第四，蛋白质能产生抗体，使人体产生极大的抵抗力。

人们可以从蛋、豆、肉等食物中获取足量的蛋白质，一般都能维持人们日常生活和运动锻炼的需要。

（五）矿物质

矿物质主要包括常量元素和微量元素两种。其中常量元素主要有钙、钠、磷、镁、氯、钾等，微量元素主要有铁、锌、碘、铜、硒等。以上营养素在人体中的含量并不高，但也是人体不可缺少的重要营养素，一定不能缺乏。

矿物质的营养功能主要体现在以下几个方面。

第一，矿物质是构成人体组织的重要成分。

第二，矿物质能在一定程度上维持人体的酸碱平衡。

第三，矿物质是人体一种重要的辅助物质。

我们平时所食用的乳制品、动物内脏中都含有大量的铁、锌等矿物质，通过日常膳食就能维持人体对矿物质的需求。

（六）维生素

在人体所需的各类营养素中，维生素也是不可获取的一种营养素。根据维生素的可溶性可将其分为水溶性维生素和脂溶性维生素两大类。水溶性维生素主要有维生素C族和维生素B族等，脂溶性维生素主要包括维生素A、维生素D、维生素E和维生素K等几类。具体而言，各类维生素的营养功能如下所述。

维生素A：健齿、健骨、促进人体对营养物质的消化等作用。

维生素B_1：促进能量代谢及糖代谢生成ATP等作用。

维生素B_2：预防脚气病以及缓解口腔溃疡等作用。

维生素C：抗氧化、缓解机体疲劳等作用。

我们平时所食用的蔬菜、水果中等都含有大量的维生素，食用大量的蔬菜和水果通常能获得足量的维生素，以满足机体所需。

二、户外拓展训练与营养消耗

在户外拓展训练中，常常因为环境的变化而对营养消耗产生明显的影响。比如在高原、寒冷或炎热的环境下参加这一运动，运动者的机体代谢和功能反应会呈现不同的特点。因此，在特殊环境下的训练，除了遵循一般原则之外，还应该考虑由于特殊环境给人体带来的影响，要具体情况具体分析。

（一）高原环境

在高原环境下，温度低，体感寒冷，空气较干燥，日照时间长，日夜温差大等，在这样的环境下，人体会产生各种不良的影响。其中对人体影响最大的是低压环境下带来的低氧条件，这对拓展训练这种高强度运动项目的影响还是比较大的。这种低压低氧的刺激，会给人体的生理功能及运动能力带来一系列非常明显的变化。又由于气温低，增加了运动员身体散热的需求，这又增加了能耗。另外，高原环境最显著的特点是缺氧，在激烈运动状态的运动员一直处于应激状态，导致糖贮备减少，血糖水平下降，为了补充能量，蛋白质和脂肪的代谢同时加强了。这一系列的能量变化，意味着除了在正常情况下的基础代谢和训练热能消耗以外，以及考虑运动量和运动强度外，还要在原来的基础上额外增加7%～25%的能耗。为了弥补和补充充足的能量，运动者在平时的饮食中应采用低脂和高碳水物营养的组合，这样能确保机体充足的能量供应。

（二）寒冷环境

在寒冷的环境下，人体热能消耗通常都比较大，身体对糖的消耗明显增加。运动员膳食中热源物质的量有所提高，可适当增加肉、蛋、奶类，以保持能量平衡。这就意味着运动者对维生素C、维生素B族、维生素E等的消耗和需求也随之增加。有研究显示，对维生素C的需求增加30%～50%，对维生素B_2的需求增加了2～4毫克，维生素E为50毫克。这是为机体促进能量代谢和激素分泌所需。

（三）炎热环境

在炎热的环境下，由于周围环境温度骤然升高，运动者的热能代谢率随之也会增加，排汗量更是大幅增加，体内的微量元素如钾、钠等和维生素都不同程度地快速流失。同时，高温环境令运动员的食物中枢兴奋降低，唾液、胃液及胰液等消化液的分泌量也减少，也就是食欲降低，可能会影响球员的进食和营养摄取。这时候运动员对饮食趋向清淡可口、容易消化为主。为了一定程度上可以促进中枢神经的兴奋度，冷饮、蔬菜汤、绿豆汤等是首选。

在炎热的环境下，人的食欲会出现一定的下降情况，但是营养流失却并未减少，仍然需要大量的能量供给，特别是糖类、蛋白质类、维生素和矿物质等。除此之外，在炎热环境中参加户外拓展训练，排汗量增加更多，一般情况下，运动者的排汗量比常规环境下锻炼的排汗多出近1/3～1/2。伴随的现象是体重的明显减轻，在这样的情况下就需要补充大量的水分，以维持机体所需。

三、户外拓展训练与营养补充

（一）营养补充的意义

在户外拓展训练的过程中，应进行必要的营养补充，以满足机体对各种营养素的需求。一般来说，营养补充具有以下几个方面的意义。

1. 增强运动能力

（1）补充能量物质

长时间参加户外拓展训练，运动者的身体难免会出现一定的疲劳现象，导致这一现象的主要原因在于水、无机盐以及矿物质等各种营养素的流失，因此及时进行营养素的补充是尤为重要的。通过补充各种营养素，人体疲劳状况才能得到缓解，人体能量得以恢复后才能更好地参加体育运动锻炼，进而提高运动锻炼的效果和质量。

（2）储备后续能量

运动者长时间参加户外拓展训练，机体会消耗大量的能量，如果不及时补充就不利于运动锻炼的顺利进行，甚至还会导致运动损伤，影响人体健康。另外，通过营养的补充，还能为接下来的活动储备必要的能量，保证户外拓展训练的顺利进行。

（3）提高身体免疫能力

参加长时间的户外拓展训练，人的机体会消耗大量的营养物质，长期如此，人体的免疫力就会大大降低，如果不及时地补充营养物质，机体的内分泌和免疫系统等就会受到极大的破坏，危害身体健康。因此，及时补充营养是十分重要的。

（4）加速恢复体能

长时间的训练后，人体会消耗大量的能量，因此进行营养物质的补充是尤为必要的，在这样的情况下，人体中的有机物质就可以快速合成，满足身体需要，恢复体能。在体能得到恢复后，运动机体才能参与正常的活动。

2. 补充营养损失

一般来说，户外拓展训练的时间都比较长，运动强度也不小，在这样的情况下，人体的新陈代谢速度会进一步加快，营养物质也会被消耗殆尽，如果营养补充不及时就容易导致运动损伤。

在补充营养物质的过程中，运动者切忌盲目补充，补充营养物质要有一定的合理性，在各种营养素中，维生素的补充至关重要，维生素的供应量要维持在一个合理的范围，既不能过量也不能过少，如此才能保证机体正常水平，为拓展训练的顺利进行提供良好的保障。

（二）各类营养素的补充

1. 糖的补充

人们无论参加何种活动，都需要保障糖的补充。通过一定的营养策略增加肌糖原的储备是最直接的延缓运动性疲劳、维持竞技能力的有效手段。如果在训练过程中及时地补充糖，可以为机体提供额外的能量来源，增强运动技能、延迟疲劳感的出现，甚至还可以有效预防和改善情绪状态。但是注意要根据运动员的体重、活跃肌肉的体积、运动负荷来确定具体的摄入量，同时运动员的总体饮食目标和训练反馈也是重要的参考依据。一般而言，对中等强度的训练，每天糖的摄入量应在5 ~ 7克/千克；如果是高强度的训练，每天糖摄入量增加到6 ~ 10克/千克；如果进行的是超强度训练，例如每天都保持4至5个小时的高强度训练的话，那么每日的糖摄入量为8 ~ 12克/千克。

户外拓展训练会消耗人体大量的能量，为保证机体最佳状态，可以在训练前每天可通过摄入8 ~ 12克/千克糖来最大限度地提高内源性糖原储备。为了保持良好的运动状态，在训练中可以每10到15分钟就补充6% ~ 8%的碳水化合物电解质溶液，这样能有效延缓运动疲劳，保证机体以良好的状态投入到运动之中。

在训练后，糖原已经被大量运动所耗竭，如想快速恢复则训练后每小时摄入1.2克/千克的碳水化合物。

2. 蛋白质的补充

如果训练时间长且强度大，会造成肌细胞损伤和蛋白质分解，对应的就需要在运动间歇及训练后及时修复和更新。这时需要适量地补充蛋白质修复损伤及增加肌肉蛋白合成，同时促进糖原恢复、减少肌肉酸痛。

但并不是蛋白质摄入多多益善，过多的蛋白易导致内环境酸化，加重肝脏与肾脏的负担，反而引起疲劳感。球员应根据训练强度、运动量、年龄、总能量摄入确定具体的蛋白质补充剂量，但是注意应该保证补充的都是优质蛋白，建议主餐至少摄入20~25克的蛋白质。

蛋白质的吸收与合成利用，受时间因素的影响。一般来说，在运动后3小时内肌蛋白的合成达到峰值。那么在训练后，除了补充糖之外，蛋白质也应该及时补充。此外，如果能够长期在睡前摄入蛋白质饮料，可以在夜间促进肌肉蛋白合成和修复速度，改善肌肉力量和质量。

3. 脂肪的补充

脂肪的有效供能可以节约运动中机体糖原的消耗，从而起到增强体能、延缓运动疲劳出现的作用。但是同时应该注意控制脂肪的摄入量，过多的脂肪又会增加代谢氧耗，增加体脂和体重，降低肌肉做功的能力，从而影响了运动能力。其中最显著的如Ω-3脂肪酸，它对改善心脏功能、耐力以及延缓肌肉酸痛等均有一定的效果。

4. 电解质的补充

一般情况下，人体在运动中水合状态可用尿液比重USG来评估，USG的测量值越高说明球员脱水程度越严重。在参加户外拓展训练的过程中，如果补水不及时，会造成肌肉痉挛、力量和耐力均减弱的现象。有研究发现，在体液损失程度从1%到4%的过程中，运动者的运动能力会大幅度下降。同时，如果补水过多不仅会增加肠胃负担，而且大量的水分使血容量增加，增加心脏负担，从而降低运动能力。因此，电解质的补充对运动者体能的维持以及延缓疲劳十分重要。运动者在参加户外拓展训练前，一定制定个性化的补水方案。在训练前和训练中饮用一定量的运动饮料，可以起到维持机体电解质平衡、加强运动表现的作用。

5. 维生素的补充

大量的研究与事实表明，维生素可以调节机体生理生化过程、参与能量代谢。比如B族维生素可参与能量代谢和肌肉的修复和生长。因为运动者日常大量的运动训练，对维生素B族的需求非常高。而维生素D可以提高机体快肌纤维的数量和直径，提高肌肉力量、平衡能力和反应时间。在参加拓展训练时，适当的补充维生素是非常有必要的。

6. 钙、铁的补充

钙是参与肌肉收缩、神经调节的重要营养物质，对于运动员来说钙尤为重要，它可以保障运动者健康的骨密度和避免骨折的风险。运动者在参加户外拓展训练的过程中，时常会出现一定的运动损伤，尤其是骨骼方面的运动损伤比较多，因此注重钙和铁的补充是非常重要的。

铁是人体重要的营养素。如果铁的补充不及时，就会出现各种各样的问题：一方面体现在血红蛋白和肌红蛋白的合成减少，从而导致组织细胞摄氧量减少；另一方面还会导致线粒体呼吸链的成分活性降低，影响ATP的生成，从而影响运动员的速度、耐力和成绩。因此，在拓展训练过程中一定要注意铁的补充。

7. 营养剂的补充

营养剂的补充包括肌酸、抗氧化剂、碱性物质等。他们是在膳食营养的基础上，对因为高强度的训练致使身体在短时内大量的体能消耗的一种有力的补充手段。目前被广泛地应用于各种运动项目的运动员的日常训练中。

（1）肌酸

肌酸是一种非常重要的营养补充剂。补充肌酸主要是为了提高肌内肌酸储备，从而加强糖代谢，进而对促进肌肉收缩后磷酸肌酸和ATP的再合成起到有效的帮助。适量的补充肌酸，可以提高运动者在运动中短时、高强度动作的运动表现。需要注意的是，在使用肌酸时，尤其在湿热环境下参加户外拓展训练时，要配合一定量的水的补充，如此能有效防止痉挛和拉伤。

（2）碱性物质

在进行长时间的户外拓展训练后，运动者体内会累计大量的乳酸类代谢物质，这些乳酸类物质已经远远地超过血液和骨骼肌内的缓冲物质。因此机体内的稳态环境遭到破坏，糖酵解中磷酸果糖激酶活性受到抑制，使糖代谢供能效率降低，此时运动者就会感到疲劳，运动能力明显下降。如果及时地补充碳酸氢钠就可以大大增强细胞外液的缓冲能力，那么即使在高强度分运动中，也能保持肌肉的pH值接近正常水平。

（3）抗氧化剂

在经过长时间大运动量的训练后，运动者机体内会产生严重的氧化应激和炎症反应，从而降低运动能力，但是通过补充抗氧化剂，能够有效地提高高强度的技战术训练期运动员的竞技能力。抗氧化剂主要是指维生素C、维生素E和β-胡萝卜，他们可以清除由高强度运动引起的过多的自由基，从而可以轻松维持机体氧化应激的平衡状态。一般常用的方法是食用葡萄籽提取物，它可以有效改善机体的氧化应激稳态失衡，还可以保护细胞免受氧化应激损伤，从而提高运动者的运动表现。这对于运动者参加户外拓展训练都具有积极的意义。

四、户外拓展训练与合理膳食

（一）保持膳食平衡

1. 膳食平衡的原则

运动者参加户外拓展训练时一定要注意营养的补充，要保持膳食平衡，这样才能为机体提供必要的营养。膳食平衡是指人们所摄取的营养物质要丰富、比例合理，可满足机体运转所需的良好状态。对于参加户外拓展训练的运动者而言，为保证运动训练的顺利进行，必须使自己的膳食营养维持一个相对平衡状态，不能出现紊乱的局面。如果出现膳食不平衡的状况，运动者身体各项功能的运转就会受到严重的影响，不利于身心各项素质的发展。

因此，参加户外拓展训练，一定要遵循膳食平衡的基本原则。这一原则体现在以下几个内容。

（1）全面性原则

参加户外拓展训练的运动者一定要注意平时膳食的全面性。全面性可以说是膳食平衡的一个非常重要的原则，这一原则要求在平时的饮食中一定要选择合适的食物，注意食物的全面性，不能仅仅选择一种食物，选择的食物要包含水、糖、脂肪、蛋白质、维生素和矿物质等多种营养素，要避免出现挑食、偏食等行为。

（2）平衡性原则

运动者在参加户外拓展训练的过程中一定要注意保持膳食平衡，一般情况下，每日膳食要保持营养消耗量与输入量基本一致，并且营养摄入的比例要符合机体需求，营养摄入要适当，不能过多也不能过少，否则就不利于人体运动，甚至危害人体健康。运动者在参加户外拓展训练的过程中，如果运动强度较大，可以适当摄入高能量的食物，这样才能为运动训练的顺利进行提供良好的保障。

（3）适当性原则

适当性也是膳食平衡的一个非常重要的原则，还要遵循适当性的基本原则。适当性原则，是指摄入人体内的营养物质之间的比例要适当，不能过多或过少。对于人体来说，其对每种营养物质的需求量不同，如对水和糖的需求量就较多，而对维生素和矿物质的需求量就相当少。为此，参加户外拓展训练的人在摄取食物时就要注意荤素搭配，以满足机体对各种营养素的需求。如果基于身体原因导致的机体对某些营养素的吸收有障碍，则可适当补充一些营养品，这样能促进机体对营养物质的吸收。

2. 膳食平衡注意事项

（1）保持营养素和热量的平衡

大量的事实与实践表明，人们对于营养素的摄入要均衡，要能满足机体的各种需求。我国的营养学会还特意制定了符合我国国民习惯和特点的每日营养摄入标准。参与拓展训练的运动者，营养的摄入一定要充足，同时还要根据自身的具体情况合理地调整营养素的摄入，使营养的获取达到一个平衡的状态。参与拓展训练的人，运动量都比较大，因此摄取充足的营养是非常重要的，在各种营养素的摄取中，糖、蛋白质、脂肪等“热量营养素”尤为重要，一定要进行合理的补充。

（2）保持酸碱的平衡

一般来说，不同人体的酸碱度是不同的，通常情况下，这些酸碱度保持在一个平衡的状态，如果膳食搭配不佳就有可能打乱这一平衡状态，导致人体酸碱失衡，这对于人体的健康是十分不利的。人们参加长期地户外拓展训练，身体会产生过多的酸性代谢物，这些代谢物对人体的健康有一定的危害，会给人体带来一定的疲劳感，容易致使人体出现疲劳现象，甚至可能引发运动损伤。因此这就需要补充一定的碱性食物来维持酸碱平衡，这对于运动者参加户外拓展训练具有积极的意义。

（二）运动前后的饮食注意事项

运动者在参加户外拓展训练前后，在饮食的过程中还要注意以下几个方面的要求。

1. 空腹时避免高强度的运动

运动者在空腹参加户外拓展训练时容易导致头昏眼花、四肢乏力、心慌心悸等症状，这是因为空腹容易导致血糖含量降低，严重的低血糖还会导致人发生昏厥。因此，一定不要空腹参加户外拓展训练或者其他运动。

2. 饭后切忌大量运动

当人体在进食后，体内血液大量流向消化器官，此时运动会减少原本应流向消化器官的血液，致使机体的消化功能降低，同时还会增加胃痉挛、呕吐等症状出现的概率。因此，运动者一定要制定一个科学合理的训练计划，按照既定的训练计划参加运动。

3. 运动中不大量饮水

运动者参加长时间的户外拓展训练后，会消耗身体大量的能量，因此补充水分是十分必要的。运动者在补水时要注意补水的量，避免一次性大量补水，过多水存留在肠胃中会增加身体的运动负荷，影响正常呼吸，并对肠胃、心脏有害。正确的补水方法应为少量多次地进行。

4. 运动前不吃油腻或过咸食物

运动者在参加户外拓展训练前，最好不要进食一些油腻或过咸的食物，这些食物会在一定程度上增加人体消化的难度和复杂度，增加消化时间，不利于人体的吸收。这一方面使得长期滞留在肠胃中的食物加大了身体的运动负荷，另一方面使得过多流向肠胃的血液降低了身体的运动系统机能。除此之外，进食过多的盐分还会导致人产生口渴的感觉，给人体肾脏带来不必要的负担，对人体健康是不利的。因此运动者一定不要在参加户外拓展训练前进食油腻的食物。

第二节　运动损伤保障体系

一、运动损伤的预防

（一）预防运动损伤的意义

运动者在参加户外拓展训练时，由于准备活动不足、技术能力较差或者周围环境等原因很可能会导致一定的运动损伤，这是很难避免的。但需要注意的是，我们可以通过各种手段和措施预防运动损伤，将运动损伤发生的概率降到最低。如果不事先采取积极的预防措施，就容易导致运动损伤。由此可见，加强户外拓展训练中运动损伤的预防具有非常重要的意义。

在日常训练中，运动者也要时刻加强自身的运动安全教育，要充分认识到预防运动损伤的重要性，只有如此才能保证运动训练的顺利进行，保证机体的健康和安全。

（二）运动损伤预防的原则

1. 提升指导者意识原则

运动者在参加户外拓展训练时，为保证训练的有效性和安全性，可以请一些专业人士作指导，同时还要时刻提升自己的预防运动损伤的意识。在平时的运动训练中，要加强预防运动损伤的教育工作，让运动者充分意识到预防运动损伤的重要性。除此之外，还要加强体育防护技能的培养，提高运动防护技能水平。

2. 合理负荷原则

参加户外拓展训练，运动者还要确定适宜的运动负荷，如果运动负荷不当就容易导致运动损伤。一个合理的运动负荷能极大地降低运动损伤发生的概率，确保运动者训练中的安全。但是，运动者要想更好地提升自身的运动技能水平，还需要适当地增加运动负荷，这样才能有效地提高运动技能水平。

3. 全面加强原则

全面加强主要是指增强运动者身体素质，提升运动水平。运动者需要具备良好的身体素质，良好的身体素质是运动者提高运动技能，杜绝运动损伤的重要基础和保障。因此，在平时的户外拓展训练中一定要重视运动者全面身体素质的发展。

4. 严格医务监督原则

为有效预防运动损伤，还需要加强医务监督。必要的医务监督有助于运动者及时发现身体不适等状况，实现早发现、早处理的目的。除此之外，还要定期或不定期地检查各种体育硬件设施，杜绝安全隐患。

5. 自我保护原则

户外拓展训练是在大自然环境下进行的，存在着一定的风险，因此运动者在参加运动训练时还要注意自我保护，严格遵循自我保护的基本原则，努力提升自我保护意识，做好必要的自我保护动作，提升自我防护能力。

（三）运动损伤预防的措施

参加户外拓展训练通常都带有一定的风险性，因此采取必要的预防措施是非常重要的，这样能有效降低运动损伤发生的概率。具体而言，运动者在参加户外拓展训练时可以采取以下预防损伤的措施和手段。

1. 加强力量训练，提高力量素质

力量素质在人体各项体能素质中占据着十分重要的地位。因为力量是其他各项素质的重要基础。运动者在参加户外拓展训练的过程中就能展现出强大的爆发力与协调力，这对于运动损伤的预防具有非常大的帮助。如身体对抗中的两名学生，身体力量占优的一方发生损伤的概率要相对低一些。由此可见，加强力量素质的锻炼非常有助于预防运动损伤。

2. 注重体格检查

加强运动者的体格检查也是非常重要的一个步骤，这有助于教师和学生充分了解身体发展状况，从而制定出科学合理的活动方案，这对于预防运动损伤也具有非常重要的意义。

3. 加强自我保护

运动者在参加户外拓展训练时要根据这一运动项目的特点学会自我保护的方法，在运动过程中加强自我保护，这样能有效预防运动损伤。

4. 维护良好的运动环境

运动者要想科学安全地参加户外拓展，还需要在一个良好的场地环境下进行，这对于预防运动损伤也具有重要的意义。在平时的运动中，运动者要树立安全意识，维护运动环境的安全。

二、常见运动损伤的处理

（一）擦伤

擦伤可以说是一种常见的表皮损伤，擦伤后，多可表现为皮肤表皮剥脱，可伴渗液、出血。

运动者在参加户外拓展训练时，发生擦伤的现象是比较常见的，可以按照以下方法进行处理。

（1）较轻擦伤，生理盐水冲洗，涂抹红药水或紫药水或0.1%新洁尔溶液。

（2）大伤口擦伤：生理盐水刷洗、清理创面异物，碘酒或酒精消毒，涂云南白药，纱布包扎。

（3）关节擦伤，清洗、消毒，涂抹医用止血止痛药，如青霉素软膏。

（二）挫伤

挫伤是一种受钝性外力作用产生的伤口闭合性损伤，与擦伤相比，挫伤的损伤程度要更深，伤后可伴有肿胀、疼痛、出血等现象的发生。

运动者在参加户外拓展训练发生挫伤时，可以采取以下方法处理。

（1）伤后即刻局部冷敷、外敷新伤药。

（2）四肢挫伤：包扎固定，及时送医。

（3）头部、躯干部严重挫伤：观察伤者是否受伤有休克、大出血现象，如有应先进行休克处理，尽快止血，及时送医。

（4）手指挫伤：冷水冲淋、按压止血，包扎。

（5）面部挫伤：冷敷，24小时后热敷。

（6）伤情严重者及时送往医院处理。

（三）拉伤

拉伤一般情况下是人体肌肉过度收缩或拉长导致，大学生在参加体力活动过程中，常因准备活动不充分、动作用力过猛等而出现肌肉或韧带拉伤的情况。

运动者在参加户外拓展训练时，发生拉伤现象时可以采取以下处理方法。

（1）轻度拉伤：冷敷，局部加压包扎，抬高患肢。

（2）严重拉伤：简单急救后，立即送医。

（四）关节脱位

关节脱位，指关节离开关节应在位置，关节脱位后关节及其周围肌肉有明显疼痛、肿胀，撕裂感，关节功能丧失。

运动者在发生关节脱位时可以采取以下处理方法。

（1）如有经验，可以及时复位。

（2）如无复位经验，及时送往医院救治。

（五）肩袖损伤

肩袖损伤主要是由肩关节超常范围急剧转动、劳损、牵拉、摩擦等引起。大学生在参加体力活动时，发生肩袖损伤，肩外展会感到一定的疼痛，肩外展或内旋疼痛会加重。

运动者发生肩袖损伤时可以采取以下处理方法。

（1）急性发作期间，暂停健身，肩关节制动，上臂外展30° 固定，以减小有关肌肉张力而减轻疼痛症状表现。

（2）进行必要的休息、调整后，可理疗、按摩和针灸。

（3）伴有肌腱断裂并发症时，立即送往医院救治。

（六）腰肌劳损

腰肌损伤是指运动者在运动时腰部长期保持同一个状态或腰部动作过多，腰部肌肉运动幅度过大，长时间疲劳没有恢复的情况下持续运动可导致腰肌劳损。腰肌劳损的症状一般为酸痛，具有刺痛感。

运动者在发生腰肌劳损时可以采取以下方法进行处理。

（1）可以采用理疗、按摩、针灸等治疗手段。

（2）可以口服针对性药物。

（3）用保护带及加强背肌练习进行运动康复。

（4）顽固病例应进行手术治疗。

（七）髌骨劳损

髌骨劳损是髌骨的关节软骨面和髌骨因缘股四头肌张腱膜的附着部分的慢性损伤，发病时，有膝软与膝痛现象。

运动者在参加户外拓展训练时，发生髌骨劳损时可以采取以下处理方法。

（1）根据自身实际情况适当地调整运动量的大小。

（2）注意受伤部位的积极性休息。

（3）可以采取按摩、理疗等手段进行治疗。

（八）韧带损伤

运动者在参加户外拓展训练的过程中，操作不当可导致机体在做大幅度动作时拉伤韧带，这一情况可能会在运动者参与户外拓展训练时发生。

运动者在发生韧带损伤时可以采取以下处理方法。

（1）弹力绷带做8字形（内侧交叉）压迫包扎，冷敷。

（2）棉花夹板固定，加压包扎、制动，减少出血、止痛。

（3）韧带完全断裂者及时送医处理。

（4）伤后24小时左右可中药外敷或内服、按摩、理疗。

（5）韧带完全断裂应及时送医进行手术缝合。

（九）出血

1. 止血

（1）指压止血

掌指出血：按压桡动脉及尺动脉。

下肢出血：两手拇指重叠，在腹股沟中点稍下方，将股动脉用力压在耻骨上支上。

足部出血：压迫足背及内踝后方胫动脉和胫后动脉。

（2）止血带止血

用气止血带（或皮管、皮带）缚在出血部近端，上肢每半小时、下肢每1小时放松一次，以免肢体麻痹或坏死。

2. 包扎

用绷带和三角巾（或布条）包扎出血部位或肢体，结合不同伤部选用环形包扎（图7–1）、扇形包扎（图7–2）等不同包扎方法。

3. 大出血

出血不止或出血致休克者，应及时输血或手术治疗。

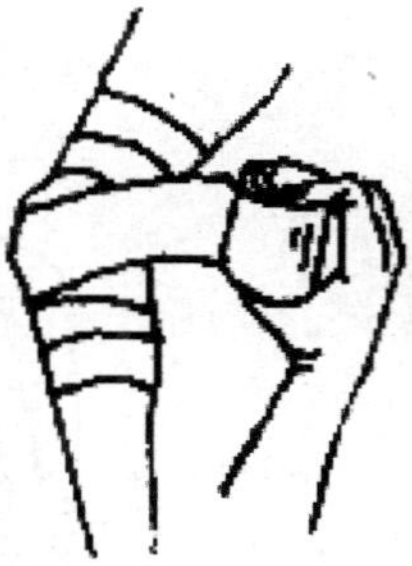

图7–1　环形包扎

图7–2　扇形包扎

（十）骨折

骨的完整性遭到破坏的损伤称为骨折，运动健身时，机体遭到被动冲撞、挤压较容易导致骨折。骨折后，骨断裂，有强烈疼痛感，伤部骨骼扭曲，有开放性伤口且严重者可见骨骼。

运动者在发生骨折时可以采取以下处理方法。

（1）不要随意移动受伤肢体，固定伤肢。

（2）出现休克现象时，先对伤者进行人工呼吸。

（3）伤口出血不止，应及时采取止血措施，并送医治疗。

在发生骨折现象后，应尽量保持患者伤部固定不动，采取以下几种包扎固定的方法。

（1）锁骨骨折包扎固定，可采用横8字形绷带法（图7-3）、双圈固定法（图7-4）、胶布条固定法（图7-5）。

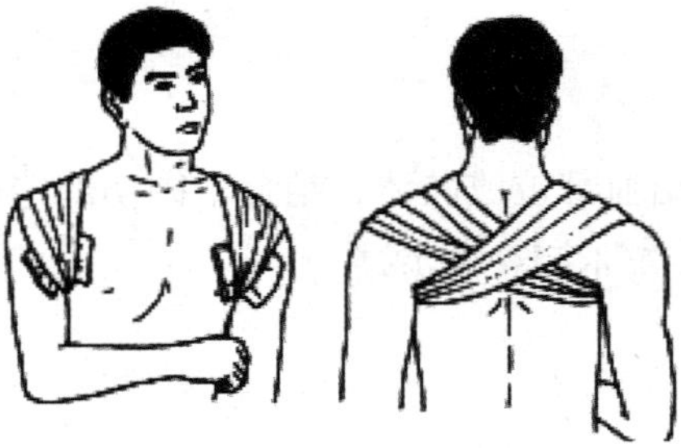

图7-3 横8字形绷带法

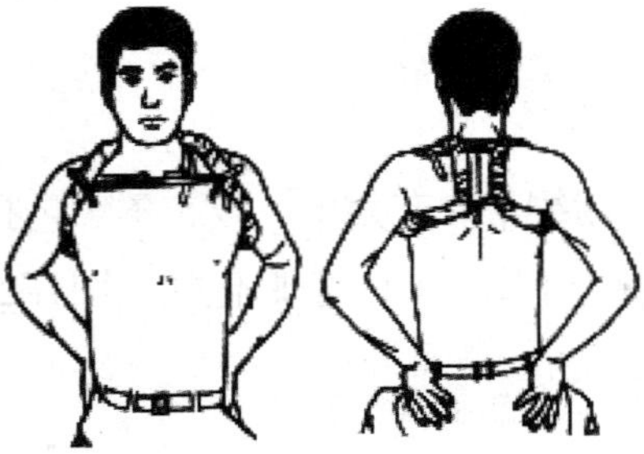

图7-4 双圈固定法

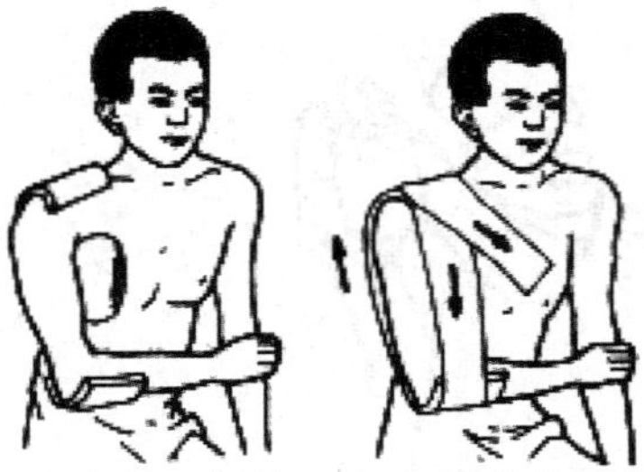

（1）放置衬垫 （2）胶布条固定

图7-5 胶布条固定法

图7-6 夹板固定

（2）尺桡骨干骨折：复位后，应用夹板固定（图7-6），或石膏固定。

（3）肋骨骨折，可用胶布固定法，如患者对胶带过敏，可用宽绷带固定（图7-7）。

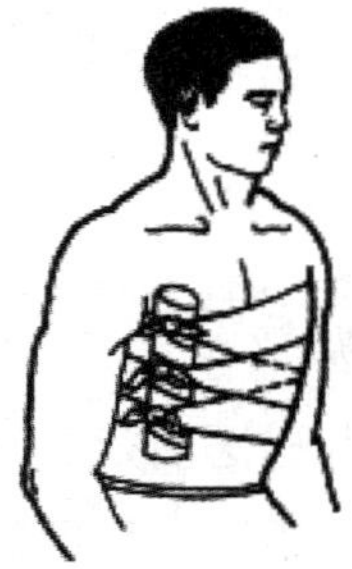

图7-7 胶布固定法

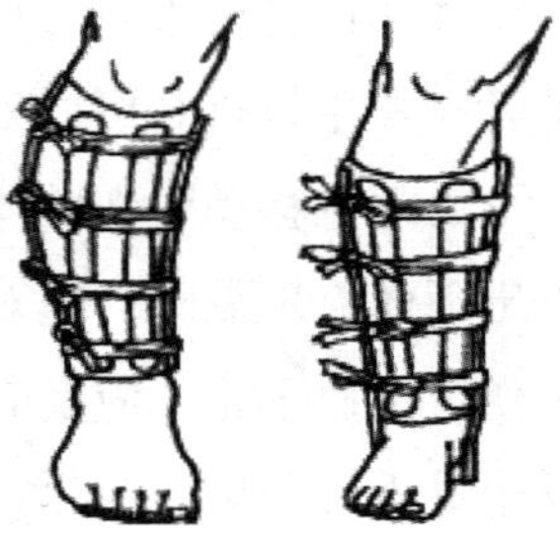

图7-8 小腿不同部位骨折固定法

（4）小腿骨折，骨折位置不同，注意包扎固定方法与位置的差异（图7–8）。

第三节 科学医务监督体系

一、医务监督的组织与实施

（一）医学观察与安全检查

1. 医学观察

（1）观察机体反应

①上课前通过询问的方式了解运动者的身体情况和自我感觉。

②分阶段实施课堂教学，每完成一个阶段，通过观察、测量等方式了解运动者的疲劳症状。

③结束运动训练后，对运动者的相关生理指标进行测评，了解运动者的疲劳和恢复情况。

（2）评定机体适应情况

运动者在参加户外拓展训练时，还需要判断运动量和运动强度是否适当，要根据对运动者血压、心率等常见生理指标的测量才能判断和评定。通过测量，了解运动者血压、心率等指标的变化情况。

2. 安全检查

户外拓展训练是在大自然环境下进行的，时常会发生一些运动安全事故，为避免在运动过程中发生意外损伤，就需要做好安全检查和监督工作，加强安全管理。重点检查的对象包括周边环境、运动者着装等。这样才能保证运动训练中的安全。

（二）医务督导

1. 确保运动设施安全

运动者在参加户外拓展训练时，要对周边场地、器材等设备进行必要的检查，及时发现和解决安全问题。不能存在任何侥幸心理，否则可能酿成无法弥补的教学事故。

2. 合理安排训练内容

运动者在参加户外拓展训练时，各类教学内容的安排也要遵循从简单到复杂的原则，要符合学生的身心规律、认知规律和运动技能形成规律。在各类内容的教学中都要把安全放到第一位。

3. 正确处理异常现象

运动者在参加户外拓展训练的过程中，运动者还要随时观察自身的身体状况，通过面部表情、排汗量、体能状况、运动表现等判断学生是否能适应运动强度，是否有不良反应。如果发现运动者有不适症状，要及时处理。

二、医务监督的要求

（一）运动前的医务监督要求和措施

运动者在参加户外拓展训练前，首先要对自己的身体做一个全面的医学检查，了解自己的身体素质及机体水平，排查身体疾病，保证自己的身体适合参加户外拓展训练。如果检查到自己的身体有过度疲劳、心电图异常或者有各类疾病时，说明不适合参加训练。

（二）运动中的医务监督要求和措施

（1）配套医务监督。在户外拓展训练的现场还要配备一定的医务人员，以防运动过程中突发各种状况。医务人员要根据比赛中常见的损伤和各类疾病，备好急救可能会用到的药品和急救用品。对于比赛中常见的伤病，比如擦伤、撕裂、痉挛等症状，医务人员要随时进行观察，及时发现和处理，保证运动者户外拓展训练的顺利进行。

（2）运动者本人也要注意运动中的安全，使用标准的运动训练姿势和运动训练方法，避免不必要的运动损伤。

（3）要备好运动训练的补给，及时补充水分和能量，以维持运动者机体参与运动的需求。

（三）运动后的医务监督要求和措施

（1）自我判断。有些运动损伤的隐蔽性比较强，有的在比赛场上一时发现不了，有的是经过长期的细小损伤积累而成的，为了身体不受这种隐蔽性损伤的威胁，要求运动者在参加户外拓展训练之后及时对自己的身体状况进行自我检查和判断。如果发现身体某一处长时间持续有痛感，或者运动之后身体某处突然出现损伤或者疼痛，就要及时进行检查，防止错过最佳的治疗时间。

（2）运动训练后的恢复措施。在运动训练之后可以采取按摩、理疗、沐浴等方式，尽快消除身体肌肉的疲劳酸痛感，使身体快速恢复体力，为接下来的运动训练做准备。

第四节 户外拓展训练安全管理的实例

户外拓展训练项目有很多，其中登山、攀岩、潜水、滑翔伞等运动深受年轻人的欢迎和喜爱，为保证运动中的安全，本节重点阐述以上几个项目的运动安全管理工作，以为广大的户外拓展训练爱好者提供一定的安全保障。

一、登山运动

（一）安全准备工作

登山者所选用的服装虽然各有不同，但是目的是相同的，即组合出一套完备并且多功能的服装。

1. 内层

（1）长内衣：适当的长内衣可以有效御寒、防晒伤以及防蚊虫叮咬。深色长内衣容易吸热，从而使身体温暖，在阳光下干得较快。浅色的长内衣不容易吸热，所以适合在热天穿着。

（2）T恤：热天选择棉质T恤或者无袖上衣即可，长袖衣服能够防晒；凉爽天气，汗水会湿透棉质T恤，在休息时易使人着凉，可选用不吸汗的合成纤维衣物。

（3）短裤：短裤必须可以透气并耐磨。棉质内裤会由于汗湿而摩擦皮肤，从而产生不适感。最好选择尼龙短裤，可拆解为短裤的轻质尼龙长裤也是不错的选择。

2. 保暖层

上半身适合选择厚的长内衣、毛料或合纤衬衫、毛衣、羽绒夹克、人造纤维填充料的夹克。上身衣物要足够长才能扎进裤腰或拉出来能够到腰部，以免长裤与上半身衣物间空隙宝贵的温暖空气散失掉。

腿部可以选择厚卫生裤、毛料长裤或者比较有弹性的尼龙裤。相对宽松或者有伸缩性的长裤方便进行自由伸展。

3. 外层

对于登山者而言，理想的外层应该是非隔离性、防风、完全防水并且完全透气。所以，登山者可以穿上一层多功能、防水透气的外层，或者选择带两层外层衣物（一层质轻透气的风衣以及一层质轻的雨衣）。

4. 头套

天气寒冷时，戴帽子有助于促进人体四肢血液的循环。不同的帽子能够随时适应多变的气温。在帽檐缝上系带，能够防止帽子被风吹落。

雨帽的透气性要好于连帽雨衣，较为舒适。防日晒的帽子有宽广的帽檐或垂折，能够有效保护人的耳朵与颈部。

5. 手套

手套包括分指手套与并指手套。登山时，手套很容易被湿润的岩壁湿透，尤其是在酷寒时节，手指的灵活度会很大程度上减弱，速度也有所减慢，尤其是在赶进度到达遮蔽风雪的地方过夜时，会由于耽搁而发生危险。

一般情况下，选择手套时第一层要先戴薄的分指手套，再戴上并指手套，之后再套上防雪手套能够达到最佳的保暖效果。戴皮手套抓着绳索下降或协助他人时，能够抓得更牢，万一不慎坠落也不会被绳索磨伤手。但皮手套在湿掉后无法保暖，而且不容易干。手套要根据具体的登山环境来选择。

6. 登山鞋

登山鞋必须要有多种特质，即要足够坚固，不怕岩石刮伤；也要足够硬，能踢入硬雪和穿上冰爪；同时还要相当舒适，从而应对长时间的行进。

除了携带必要的衣物外，还需考虑携带帐篷、睡袋、安全炊具以及紧急用药等其他物品。

（二）安全注意事项

（1）除非事先进行了充分的安排与支援，否则登山队的成员不可少于3人。攀登冰河则必须要组成绳队，至少要有两个绳队。

（2）登山队必须以团体的形式进行行动，要严格遵从领队的指示，不可以单独行动。

（3）登山目标的制定要切合实际，不要去做能力所不及或者能力之外的事。

（4）遇到紧急情况要保持冷静，在选择登山路线或决定是否下撤时，不要冲动或者意气用事。

（5）随身携带必要衣物、食品以及活动装备。

（6）将登山的行程告知留守人员，以备紧急救援时使用。

（三）意外事故处理

1. 雪崩

（1）首先要保持镇定，尽快甩掉背包，将冰镐插入坡面并尽力握牢，防止身体被崩雪裹挟滚坠。

（2）如果没控制好身体而被崩雪裹走，在滑动时应尽力用双手向上扒动，从而让身躯浮在崩雪的上面。

（3）雪崩停止后，没有被埋没的人要尽快以主绳和雪崩飘带为线索，用雪崩探条搜索并抢救被埋没的人。

（4）被崩雪埋没的人要尽可能在嘴的附近造成空隙，从而延缓被雪窒息的时间。

2. 失温

人体在气候恶劣的低温环境下，尤其是在身体精疲力竭、身上所穿的衣物潮湿时，会发生体温下降的生理反应。身体热量损耗超过能及时产生的补充热量就是失温。表现为体温降到35℃以下。

失温的紧急处理方式根据患者的病理程度而各有不同，具体如下。

（1）当失温患者意识还清醒时，可以让他喝一些热而甜的饮料以补充能量与热量。

（2）如果失温患者已经不省人事，则应该让他以复原姿势躺着，可以给患者热水瓶或者让施救者以体温传导，防止患者的体温继续下降。

（3）如果患者心跳已经停止，则需要立即展开心肺复苏术，并尽快送往医院。

在对失温患者进行处理的过程中，切不可给患者喝酒，也不要擦拭或者按摩患者四肢，同时不能鼓励患者做运动。

3. 高山反应

海平面上的标准大气压力760毫米汞柱高，空气中氧气的含量是20.95%。随着地势的不断增高，空气的气压会不断降低，人体肺泡内的氧气的气压也相应降低，使氧气不能够充分进入人体血液，从而导致机体缺氧，这就是高山反应。

一般情况下，从平原进入氧气稀薄地区时，需要2～3个月的时间才能逐渐对低氧环境产生适应。在登山时，如果山的海拔过高或者登山者运动量过大就很容易出现高山反应，情况严重者还会窒息而死。

高山反应的应急处理如下。

（1）要给患者呼吸氧气及降至低海拔、无风处，同时要保证患者的呼吸顺畅。

（2）如果患者发生休克现象，则需要优先进行处理，防止失温及其他并发症的发生。

一般情况下，有高山反应的患者在回到平地之后，就可以不治而愈。虽然如此，严重患者还是需要去医院做进一步的观察。

二、攀岩运动

（一）安全准备工作

1. 攀岩服装

攀岩服装最基本的要求是防风、透气与耐磨。在挑选攀岩的服装时，快干衣、裤既吸汗又透气，是很好的选择。速干服装能够防止衣物里积聚大量的汗液而引起的着凉或感冒。

抓毛绒材料制成的夹克或背心能很好地解决保暖问题，其优点是材质轻、导汗性好，缺点是防风性不好，在风大的情况下还需要加上一层防风外套。

为了适应复杂多变的天气，在出发前还必须配备一件外套层服装，也叫作全功能外套，它能为身体减少很多不必要的损失，同时能够很好地弥补内里服装的耐磨性与防风性能。

2. 攀岩鞋

攀岩鞋最基本的要求是穿起来舒服而且不痛，鞋的趾尖部分要合脚。

3. 头盔

攀岩过程中一旦发生意外情况，头盔能够一定程度上保护头部，避免落石等东西以及坠落时头部发生剧烈撞击。

4. 攀岩绳

攀岩绳在长时间使用后，要注意绳子的安全性并进行检查。判断攀登绳寿命最便捷的方法是：室内训练所用的攀登绳，约为几个星期；每个星期数次攀登，2～6个月；一星期进行一次攀登，大约可用2年时间。

第一，当绳子变硬，或者绳子的局部区域发生变软、变扁的情况，或者表皮损坏等，应该考虑更换新的绳子。

第二，当绳子的任何一端变得毛糙，应剪掉这一节并继续使用剩下的部分，需要特别注意的是：一方面它同样已经承受了很多次下降的考验；另一方面，要确保它在线路上放下时的长度足够长。

第三，在下降之后重新攀登之前，先休息几分钟，从而使绳子恢复弹性以及承受压力的性能。

攀岩前，首先要仔细检查自己的攀岩绳，只有自己才能确定主绳可不可以使用。

5. 绳套

在攀岩中，绳套在保护系统中做软性连接，主要包括机械缝制与手工打结两种。绳套是攀岩中的必备物品。

6. 安全带

安全带能够为攀登者和保护者提供一种舒适、安全的固定，包括可调式与不可调式两种。

攀岩前，攀登者首先要对安全带的安全性能进行认真检查，特别是长时间使用过的安全带。如果安全带出现磨损、保护套起毛或者断裂等情况，应该及时进行更换。同时，使用安全带时要避免灰尘、爆晒、脚踏等情况。

7. 镁粉与粉袋

镁粉主要用于防手出汗时出现手滑现象或者吸收岩壁表面的水分，从而增加摩擦力。镁粉一般存放于粉袋里，粉袋系于安全带上。

8. 保护器

保护器在攀岩时的主要作用是在人体保护与下降的过程中，和保护绳之间产生摩擦力，从而减少操作者所需要的握力。保护器很多，但其中只有几种适用于攀岩。一般较好的保护器有8字环、管状保护器以及自动保护器。在进行攀岩的准备工作时，务必要选择攀岩专用的保护器。

9. 上升器

上升器用于在单绳技术中解决向上运动的方法，有左手握和右手握两种方式，适用于用手习惯不同的攀登者。

10. 螺栓

现代攀登通常采用直径3/8～1/2英寸的膨胀螺栓，这是一种拉起式螺栓，也是目前最好的岩用螺栓之一，适用于各种岩石表面，不仅安装方便而且相当牢固。螺栓也是攀岩必备物品之一。

11. 铁锁和快挂

铁锁和快挂主要用途是连接主绳与安全带。

12. 挂片

目前，市场上有很多新式的螺栓挂片，有初级的、手工制作的、光滑而结实的专用挂片等各种各样的样式款式。经常使用者需要注意挂片上是否有裂痕或者已经变形，需要认真进行检查。

13. 岩锥

岩锥是用金属做成的钉子，在攀登的时能够敲进岩缝做成一固定点，具有支撑和保护的作用。

14. 绷带

攀岩经常会导致肢体的摩擦受伤，绷带的主要作用就是保护疼痛的手指或者关节，保护擦伤或者受伤的指尖，另外还有很多其他的用途，如牵拉、少量承重等。

15. 保护垫

保护垫在户外攀岩时使用不多。保护垫主要用途是放在岩壁的下面，在下降或者脱落时能够起到一定的减震与保护作用，减少脚后跟与脚踝受伤的危险。保护垫的准备视实际情况而定。

（二）安全注意事项

1. 设置保护点

享受攀登的重要前提是生命安全，保护点的设置就是要将攀岩中所需的保护的绳索固定好，这将对攀登者的生命安全有直接影响。

在岩壁上进行固定点的设置安装可以有效避免攀登者与保护者因坠落而发生的不必要的意外伤害事故，这是攀登者在进行攀登前进行准备工作的重要环节。保护点设置与进行保护的第一步就是进行自我保护。保护者将绳索与合理的固定点进行连接，一旦遭遇坠落或其他紧急状况时，能有效避免保护者不发生生命危险。

2. 保护点装置系统的安装

攀岩过程中设置保护点的主要装备有绳套、铁锁、挂片、膨胀螺栓、岩石锥、机械塞等。

在进行攀岩运动时，要使用辅助绳来安装保护系统。安装保护系统的方法很多，这里不再赘述。

3. 天然固定点的选择、安装及撤卸

（1）天然固定点的选择

首先决定受力方向；其次在受力方向上找到适合且牢固的物体，通常选择树干、岩角、大石头等物体。

选择受力物体时需要特备注意：树根、树干是否牢固可靠，岩石根基是否牢固，岩角基部有没有裂纹，岩石大小是否能够承受坠落的重力等。判断方法是用手敲击岩石来看其发声频率是否正常。

（2）天然固定点的安装

安装时要避免岩石的棱角割断绳索，有必要可以加上一块垫布。安装过程中要做好固定点的测试，从而切实保证安全，操作时一定要用安全可靠的绳结系住固定点。

（3）天然固定保护点的撤卸

①将快挂钩住铁锁，并与自己的安全带相连接。

②解开连接在安全带上的绳结，将绳子穿过铁锁或者将绳子从铁锁中穿过。

③将穿过铁锁的绳子重新与安全带连接，或者将从铁锁里穿过的绳子打一个8字结，用铁锁连接绳子和安全带。

④解开之前和安全带连接的8字结，提示保护者准备好，将绳子逐渐收紧。

⑤解开与安全带和铁锁连接的快挂。

⑥进行自我保护下降或者顶绳下降。

（4）天然固定点安装的注意事项

①注意攀登的方向，使绳子靠在远离开口端，并且身体这端要在钩环的外侧。

②注意快挂的方向，快挂要放好不要转折；钩环要正；绳子挂的方向要正确。

③注意挂绳的方式：挂绳的方式有两种，一种是Roll Clip，另一种是Pinch Clip。前者多在快挂方向面对你时使用，方法是用中指和无名指固定铁锁，之后用大拇指与食指将绳子放入。一般情况下，快挂位置比较高时，挂绳会较为顺手，同时也可以快挂低到腰部以下的位置；后者多数情况下在快挂方向背向你时使用。用大拇指和小指将铁锁固定，用食指和中指将绳子放入。

（三）意外事故处理

攀岩是一项非常具有危险性的户外运动，因此，无论是进行准备工作还是攀岩过程中进行安全装置的固定，一定要认真细致、考虑周全，保证自身的生命安全。

1. 脱落

在攀岩过程中，如果遇到正在使用中的安全装置或保护点脱落，应用随身携带的尖锐器具插到岩石中固定自己，等到身体稳定之后就近设固定点。

2. 掉入裂缝

（1）身体后坐，双脚深深踩入来控制下坠。将镐插到岩石缝隙中，向前挪动短抓结，使其从胸前到腰际来降低承重点。

（2）把长抓结放到主绳上，将长抓结缩短一半，打“8”字结或者单结，将环套在镐头上。坐在镐头上，将体重平均分配到短抓结以及长抓结上。

（3）把绳圈从肩上拿下，放下背包。

（4）在身后固定一个锚点，解开绳圈，将主绳打一个半扣套在固定锚点上，用两个半套结系好半扣，使受力点逐渐从身体和镐移向固定锚点。

（5）将主绳上的长抓结作为保护等待救援的到来。

3. 高山风

高山风通常都是在7级以上，能够把装备吹走，从而影响正常的攀登。此外，高山风伴随的低温、严寒会导致攀岩者体表温度散失而发生冻伤，甚至威胁到攀岩者的活动能力。在高山风到来之时，应选择避风点躲避。高山风时间很长时，应该撤回营地。

4. 滚石

当遇到滚石时，首先要保持镇定，同时观察滚石下落的方向，等到滚石临近时再快速躲闪，或者利用身边的巨大岩石、陡坎等地形来躲避滚石。滚石区要戴上头盔。

三、潜水运动

（一）安全准备工作

1. 个人装备

（1）面镜：面镜主要作用是平衡压力的鼻囊，要求必须能够防止水进入鼻腔。

（2）呼吸管：呼吸管的主要作用在于，它能够使人在浮潜时不需将头抬离水面就可以进行呼吸，是潜水时的一项必备装备。

（3）潜水服：通常情况下，深水的温度较低，即便是在热带地区最炎热的季节进行潜水，最好也要穿上潜水衣。因为寒冷可能会引起潜水者疲倦、反应迟钝甚至出现肌肉抽筋等症状。

（4）蛙鞋：蛙鞋的主要作用是提供水下的推动力，实现水下移动，从而解放双手来进行其他的事情，如进行水下拍摄、操作各种设备等。

（5）气瓶：供潜水者进行水下呼吸。气瓶一定要定期进行专业的检验，防止意外情况发生。

（6）浮力调整器：是一种控制浮力的装置。浮力调整器能够让潜水者轻松地浮在水面上，在水下时也能够实现最佳的浮力状态（中性浮力）。

（7）空气压力调节器：由于人并不能直接将气瓶里的高压气体吸入体内，因此，空气压力调节器的作用就是调节气瓶内高压空气的压力。

（8）配重和配重带：平衡潜水者本身、潜水服以及潜水设备等所产生的浮力，当遇到某些紧急情况需要立刻上升时，可以将配重带快速解开抛弃配重。需要注意，在深水域中快速上浮到水面的行为是非常危险的。

2. 辅助装备

（1）潜水电脑：主要作用是记录潜水活动的各项数据，为潜水者提供减压时间等方面的重要参数。

（2）潜水刀：当潜水者被鱼线、渔网或者海藻缠住等意外情况时使用。

（3）潜水浮标：在潜水时，潜水者必须在水面放置浮标，从而警示水面船只要避开绕行。

（4）水下电筒：主要在夜间潜水时使用。

（5）药品箱：作用是存放常用药品，包括创可贴、晕船药、感冒药以及止泻药等，以备紧急情况使用。

（二）安全注意事项

1. 潜水禁忌者

潜水运动对于人的身体素质有很高的要求，并非所有人都适合潜水运动。凡有以下病史者不适合进行潜水。

（1）曾做过中耳手术或者眼角膜手术的人。

（2）有肺部受伤病史的人，特别是有自发性气胸症状的人。

（3）有癫痫、抽筋病史或者精神疾病的人。

（4）有心脏冠状动脉疾病的人，如心绞痛、心肌梗死等。

（5）有红细胞病变史的人，如镰刀型红细胞贫血等。

（6）患有胰岛素依赖型的糖尿病人。

（7）患有严重肺部阻塞性疾病的人，如慢性肺气肿、严重哮喘病等疾病。

（8）肺泡有先天性憩室或者患有肺部水泡病的人。

（9）经常性晕倒且原因不明的人。

2. 潜水手语

由于人在潜水时不能进行正常的会话，信息只能通过手势来传达，因此潜水者在下潜之前有必要进行手势的统一并相互确认。潜水通用的手势有以下几种。

上浮——“右手握拳，拇指向上”。

下潜——“右手握拳，拇指向下”。

情况良好——“OK”。

注意方向——“食指指示方向”。

（三）意外事故处理

1. 抽筋

当潜水者潜水时出现抽筋症状时，切勿慌乱，并根据抽筋部位分别进行以下处理。

（1）手指抽筋：将手握成拳状，用力张开并进行反复。

（2）脚趾抽筋：立刻将腿屈起，用力将足趾拉开、扳直。

（3）小腿抽筋：先长吸一口气，仰卧于水面上，用手扳住足趾，将小腿用力向前伸蹬，伸展松弛收缩的肌肉。

2. 恶心与呕吐

潜水者应该赶紧上岸，并将手指压中脘穴、内关穴，有条件的情况下可以含一粒人丹。

3. 头痛

潜水者在潜水时，慢性鼻炎、呛水、身体寒冷、暂时性脑血管痉挛而引起的供血不足等情况都可能会引起头痛症状发生。

潜水者应该迅速上岸，将大拇指按揉百会穴、太阳穴以及列缺穴，之后用热毛巾敷头，喝上一杯热开水从而缓解头痛的症状。

4. 耳痛

首先，水的压力会让人的耳道出现不适症状，甚至会出现疼痛。调节耳压对于初次潜水或潜水时间不长的人非常重要，正确的方法是：将鼻子用手捏住，用力向鼻腔内鼓气，从而让耳道内气压升高，以此来抵消水的压力。如果非常疼痛，就应该立刻上浮。

其次，耳朵里灌水或者鼻子呛水的情况也会引起耳痛，正确的处理方法是：将头歪向进水侧，用力拉住耳垂，用同侧腿进行单足跳；手心对准耳道，将耳朵堵严压紧，使头部歪向进水的耳朵一侧，之后迅速把手掌拔开，用消毒棉签将水吸出。

5. 落单

当潜水者落单时要保持镇定，先上浮几米，寻找同伴；如果没有发现同伴，就浮在上水面，同时注意水面的气泡；如果10分钟之后还没有找到同伴，就应该马上返回入水点。

四、滑翔伞运动

（一）安全准备工作

1. 主伞

主伞的有两片伞衣，中间用类似于机翼剖面的翼型间隔连接，搭配伞绳、操纵带以及操纵绳。伞衣（翼展）要长9米～11米，宽（翼弦）3米，重量4千克～6千克。选择主伞需要以驾驶者的体重为参考依据。

2. 副伞

副伞即救生伞，在发生意外时可以用手弹出来。需要注意的是，副伞最低使用高度要高于50米。

3. 座包

座包主要作用是承受滑翔者身体重量，座包的底部与两侧有纤维板或高强度泡沫，具有一定的缓冲作用，从而为飞行人员的安全提供保证。

4. 套带

用以联结主伞衣与飞行人员，一定要配合自己的体重选择。

5. 头盔

保护头部，一般为专用的飞行头盔。

（二）安全注意事项

（1）起飞之前要全面检查伞具以及装备，避免带故障进行飞行。如果出现下列任何一种情况，需要立即排除，不然应该立即停飞：伞衣撕裂、刺穿、拉开或者没有缝合、有沙子、碎石子等；伞绳有缠结、磨损、有黏附物体；伞绳和操纵带联结的不牢；操纵绳和套环连接不牢固；吊带系统出现磨损或者已经开线。

（2）飞行人员不可以单独飞行，不可以在云中飞行，不可以疲劳飞行，在潜水之后24小时内不可飞行，服药之后不可飞行，饮酒之后不可飞行。情绪有波动或者心理不适时不可飞行，

（3）飞行人员飞行时必须佩戴飞行专用头盔以及全套的护具。

（4）在一次飞行当中，新内容增加不要超过一个。

（5）副伞的使用高度不要低于50米。

（6）雨、雾、低云等天气以及能见度极差（起飞场与着陆场不能互见）的情况下不可飞行。

（7）飞行前要做好完整的飞行计划，计划内容包括训练科目、航线、高

度以及飞行时间等。

（8）事先了解飞行区的天气情况。对飞行地独特的天气状况，包括云的形状、高度，风向、风速等方面都要进行认真观察。

（9）滑翔伞的使用要和自身的体重、技术级别相匹配，伞具装备要齐全。

（10）对讲机、手机要随时携带，并保证电量的充足。

（11）认真阅读《飞行指南》，严格遵守空中飞行交通规则。

（12）伞包透明袋内要放置个人的详细信息，包括伞型或编号、个人姓名、年龄、血型、身份证号、家庭住址、联系方式、紧急情况联系人及保险单号等内容。

（三）意外事故处理

1. 水上降落

滑翔伞落水时首先要保持镇定，需要考虑在距水面30米左右时解开座袋的腿带，选择迎风着陆。

滑翔伞落水时，在接触到水面后拉下全刹，保证主伞停下并落在身后。脱下座袋的程序，并在水中采取后划姿势离开。

如果着陆后伞衣罩在了头上，不要做猛踢或者快速游动的动作，应该首先将座袋解开，抓住一条翼弦的接缝，双手慢慢交替将它从身后向前拉；同时，双脚慢慢地踩水，向后离开滑翔伞，并将周围的伞绳拎过头顶，与伞衣分离，直到确认自己没有被任何伞绳挂住。

需要特别注意的是，在安全上岸之前，不要去抢救任何落水的装备。

2. 树上着陆

一旦确定有可能树上着陆，就应该快速建立一个进场的航线，从而保证能够进行有控制的张开动作，尽量选择在树顶树叶比较稠密的地方着陆。可先将航线迎风做出张开的动作，使向前的运动停下来，碰到树后要立即松开刹车，尽量抓住能抓到的最大树枝来将自己固定，直到伞衣泄气。将主伞解下，避免被风从枝条上拉下。

树上着陆可能发生的最大危险是着陆失败，或者从树上反弹起来落在地上。

3. 高压线

滑翔伞在飞行中要尽可能避开高压线。如果避闪不及，就应该从座袋中站起来，并拢膝盖双脚，尽量缩拢胳膊和肘部，从而竖直下落。

如果不慎被挂在高压线上，不要让任何人靠近自己，防止他们与地面形成回路，造成触电身亡的后果。务必要保持镇定，安心等待专业救援队的救援。

4. 伞衣塌陷或者折翼

飞行中如果遭遇伞衣塌陷、折翼的情况，务必要保持镇定，千万不要惊慌失措。首先，要观察伞衣的变形情况，其次要对离地高度和距周围障碍物的距离进行判断，最后要采取排除措施。具体方法如下。

（1）快速上下泵动操纵绳，使伞衣充气直至恢复正常。需要注意的是，操纵圈下拉幅度不要太低，达到胸部位置最好。

（2）在一侧伞衣塌陷或折翼并且滑翔伞进入螺旋趋势时，拉动外侧操纵绳来控制转动，避免进入陡峭的旋转中。

（3）要尽可能制止滑翔伞转弯，将其转入直线飞行状态；对内侧操纵绳进行上下调整，从而使伞衣充气复原。

第八章

户外拓展训练之安全管理体系的建设

我国户外拓展训练起步晚，运作不够完善，在基础设备、操作程序等方面欠缺标准性和规范性，再加上管理不到位，导致拓展训练市场混乱，事故频发，安全隐患众多。户外拓展训练作为一种特殊的户外运动，本身就具有风险性，安全管理的欠缺加剧了危险的程度，也成为制约我国拓展训练行业健康发展的主要因素之一。因此建立健全户外拓展训练安全管理体系必要而紧迫。本章重点对户外拓展训练安全管理体系的建设展开研究，主要内容包括户外拓展训练法制体系、教育体系、监控体系以及保险体系的建设。

第一节　户外拓展训练的法制体系

一、户外拓展训练的立法体系

在户外拓展训练法制体系建设中，首先要健全与完善立法体系，不同类型的法律对户外拓展训练的发展有不同的保障意义。下面分析几类主要的法律法规。

（一）《体育法》提供基本法律保障

户外拓展训练具有活动形式丰富多样、活动内容多元新颖、活动地点灵活多变等特点，因此必须通过体育立法来规范户外拓展训练项目的组织与开展。《体育法》是新中国成立以来的第一部体育法律，由于在很早的时候就颁布了这部法律，而当时我国户外运动初步兴起，所以这部法律中并未做出关于户外运动安全的相关规定。但是户外拓展训练归为体育范畴，而《体育法》对我国体育事业的各个方面都具有指导、规范和保障作用，因此也为户外拓展训练提供了基本法律保障。

（二）行政法规提供行政法律保障

国务院制定的行政法规具有强大的法律效力，能够为户外拓展训练的发展提供重要的行政法律保障。例如，2003年国务院颁布实施的《公共体育文化设施条例》对公共体育（包含户外运动）场地设施安全管理进行了专门规定。2009 年国务院制定出台的《全民健身条例》对户外运动中常见的高危险性体育项目健身指导人员的职业资格、经营资质、政府监督责任等作了具体规定，以此保障高危体育项目参与者的安全。

（三）中央与国务院文件提供国家政策保障

中央与国务院文件对于贯彻落实户外拓展训练安全立法精神具有重要指导意义。例如，2016 年《国务院办公厅关于加快发展健身休闲产业的指导意见》要求“完善山地户外运动安全和应急救援体系，引导保险公司开发场地责任保险、运动人身意外伤害保险，完善健身休闲活动安保服务标准”。

（四）部门规章提供行业制度保障

我国大多数户外拓展训练安全保障内容都是通过国家体育总局、国家旅游局等中央部委（局）制定的部门规章得以体现的。例如，2003 年国家体育总局发布的登山活动的专项法律——《国内登山管理办法》规定“登山团队应当配备符合安全要求的防寒、通讯、生活、医疗等基本器材装备；在登山活动中发生重大事故，必须及时向批准单位报告，并采取相应措施”。2013 年国家体育总局发布《经营高危险性体育项目许可管理办法》规定，“政府对经营高危险性体育项目实施行政许可制度，坚持保障消费者人身安全原则，经营高危险性体育项目应当具备相关安全保障制度和措施等具体条件”“经营者应当履行张贴公示安全规范和警示说明，定期维修保养器材设施，配备专业指导和救助人员，投保责任保险”。[①]

（五）地方性法规、规章和规范性文件提供地方法制保障

地方政府结合本地实情制定的地方性法规和规范性文件对于推动我国户外拓展训练安全保障立法的贯彻执行及地方户外运动的发展起到了关键作用，如《北京市体育运动项目经营单位安全生产规定》《广东省高危险性体育项目经营活动管理规定》《河北省游泳场所管理办法》等都为当地户外拓展训练安全管理提供了地方法制保障。[②]

二、户外拓展训练的执法体系

（一）行政执法主体与执法范围

我国法律授权的体育行政执法部门是体育局，体育局对户外运动项目和活动依法展开执法活动，包括行政检查和处罚。危险性高的、与人的生命安全直接相关的户外拓展训练项目都要受到体育局的行政管理。对于大型户外体育赛事活动，体育局无法单独进行行政执法时，可以与公安部门、生态保护部门等相关政府部门联合执法，共同保障大型户外赛事活动的顺利和安全开展。

① 张恩利，刘新民.我国户外运动安全的法律保障[J].西安体育学院学报，2020，37（05）：545-550.

② 张恩利，刘新民.我国户外运动安全的法律保障[J].西安体育学院学报，2020，37（05）：545-550.

（二）安全执法实践

1. 执法培训

户外拓展训练相关法律的执行对执法队伍的专业素质提出了较高的要求，因此有关部门应将执法人员组织起来定期进行培训，促进专业执法队伍执法素养和水平的提升，为户外拓展训练参与者的安全提供切实的保障。

2. 执法检查

在户外拓展训练安全执法中，最重要的执法手段是行政检查。通过行政检查来排查风险，保障安全，检查对象包括经营许可证、安全生产规程、硬件安全质量标准、从业者资质、安全警告标识等。

3. 行政处罚

在户外拓展训练的安全执法检查中，有关部门会对违法行为采取相应的行政处罚措施，有力打击违法行为，切实保护拓展训练参与者的生命财产安全。例如，市场上一些户外拓展训练经营单位还不具备对外开放营业的条件，工商部门对其下达停业整顿的命令，对于存在严重违法行为的企业，将其营业执照直接吊销。再如，有些户外拓展训练基地的硬件设施不符合标准，规格低，缺乏安全性，体育执法部门对经营单位提出限期整改的命令，并责令其交纳罚款。

三、户外拓展训练法制体系的完善

（一）出台和户外运动及拓展训练相关的法律法规

当前，我国从户外运动的特殊性出发已经出台了一些法律，改变了户外运动发展早期没有法律约束和保障的局面，使户外运动的发展实现了有法可依。经营单位或个体根据相关法律规定处理户外运动中的纠纷和其他问题，切实维护自身的利益。然而，现阶段我国户外拓展训练的参与者缺乏强烈的自我保护意识，户外运动相关法律中涉及拓展训练项目的针对性条款或专门的法律很少，再加上户外拓展训练本身所具有的风险性特征，使得我国继续出台和完善与户外运动、拓展训练相关的法律法规非常重要且必要。从法律层面规范户外拓展训练的发展，需要注意以下几个要点。

第一，将户外拓展训练的管辖主体明确下来，完善包含户外拓展训练经营在内的行政许可法，使地方工商部门和体育部门能够参考相应的法律对户外拓展训练经营市场进行协同管理。除了要将管辖主体明确下来以外，还要对法律的服务对象、约束对象加以明确。

第二，加大对户外拓展训练经营单位的监管力度，同时也要注重监督和管理个体参与者的行为。目前，我国还没有明确的法律来约束、管理户外拓展训练自由参与者的行为，也没有明确的法律来保障他们的利益，对市场上各种类型户外运动俱乐部的管理也缺乏足够的法律支撑。对此，工商部门、体育管理部门、旅游管理部门等相关部门应联合监管户外运动经营单位或民间户外运动团体组织，提出大型户外活动按流程申报登记的要求，切实加强对有组织或自助式的大型户外拓展训练活动的安全管理。

第三，对自助式户外运动及拓展训练的法规予以制定并大力落实，明确规定相关单位经营户外拓展训练项目的准入门槛。现在有很多户外拓展训练活动都是户外运动爱好者在网络平台上自发组织的，我国专门规范和管理这类活动的法律法规较少，这类活动中相关利益主体各自的权利、责任及义务尚不明确，如果发生安全事件，那么应该承担经济或法律责任的责任人到底是谁，这是不明确的，因此这类活动很容易发生纠纷。对此，法律中要明确做出关于“责任人”的规定，一旦发生意外，迅速“责任到人”，做好紧急处理工作，将生命财产损害降到最低。

第四，制定与完善民事法律，从而规范户外拓展训练中的民事行为，对民事纠纷予以处理。法律中要对活动发起人、领队及参与者等不同角色的权利和义务明确予以规定。

总而言之，当前我国要重视对户外运动及拓展训练相关法律法规的制定和实施，同时也要对户外运动相关行业的服务标准、经营管理制度、资格认证制度、监察制度、技术等级制度以及从业者培训制度等予以制定和完善，推动户外拓展训练的持续健康发展，切实保障相关主体的合法权益和切身利益，保障参与者的安全。

（二）将资质准入制度充分落实

户外拓展训练具有广泛的群众基础和突出的普适性，不同性别、年龄、职业、社会层次的人都能参与其中，参与者并不是特定的群体，而是具有复杂性的广泛群体。适合广泛群体参与的户外拓展训练在运作中必须规范、安全，切实保护广大群体的安全和利益。但现阶段我国的户外运动俱乐部或民间组织在专业水平上存在参差不齐的乱象，而且没有相关部门对这类单位或组织进行对口的统一管理。有关部门对户外运动商业俱乐部的审核与鉴定不够严格和规范，而且参考的审核标准不够健全，整个行业缺少规范性管理模式，尚未建立和真正普及行业规范，这就导致户外运动俱乐部的市场运营混乱，管理无序，虽然俱乐部获取了一定的经济效益，但是社会效益不理想，而且也很难长远发展下去。此外，户外运动俱乐部的技术人员专业水平良莠不齐，一些领队尚未经过正规渠道和系统学习而获得权威部门颁发的资格证书，他们只是户外运动经验丰富一些，但这不足以成为其独自带队进行户外训练的条件。一些领队虽然户外经验多，但是技术指导能力差，而且也不具备安全救援的紧急意识和急救能力。户外运动俱乐部组织的户外训练活动尚且没有专业与安全的保障，网络上自发组织的户外拓展训练活动更是如此，很多领队并没有接受过专业培训，不熟悉活动地的实际情况，也没有合理设计训练计划，更没有针对活动中可能出现的安全事件制订处理方案，这些无疑增加了户外拓展训练的风险。针对这些现状，要针对户外拓展训练的发展现状、特征及趋势而制定与完善相关资质准入制度及规范，如经营单位资质认证标准体系及规范、从业人员资质认证标准体系及规范等，在此基础上尽快落实这些制度及规范，以最大限度地降低户外拓展训练的法律风险。

制定与完善户外运动行业的相关资质认证体系是保障户外拓展训练安全运作的重要策略。将这些制度与规定落实到实际中，明确体育俱乐部需要具备什么条件才能经营户外运动项目，对俱乐部从事户外运动相关工作的人员尤其是技术人员进行严格的资质审查，了解其经验、能力、技术水平和责任意识，这些都提高了体育俱乐部拓展户外运动市场的门槛与条件，也从侧面激励俱乐部不断完善自己的经营管理机制，提升自己的竞争力，为会员提供优质而安全的产品与服务。俱乐部开发户外拓展训练项目，必须要有良好的硬件设施条件、突出的专业培训能力，而且要敢于接受和主动配合有关部门的检查。户外拓展训练的相关单位每年都要接受严格的审查，包括地方体育行政部门、工商部门的审查及国家审批，审查中一旦发现违规行为或标准达不到要求的环节，就必须停业整顿，迅速按规定处理，不允许任何一家俱乐部或单位非法运营，将不符合规范的户外俱乐部全力清理，营造良好的户外拓展环境，净化体育市场风气。

（三）实现户外运动专项保险的普及

完善户外拓展训练法制体系，还要注重对相关保险制度的完善，主要是要对户外拓展训练中的人身意外保险制度予以完善。保险公司应从户外拓展训练发展的现状及参与者的实际需求出发而对户外运动保险进行开发，使商业保险的优势作用得到更大程度的发挥。在开发与推广户外运动保险产品的过程中，提高参与者的保险意识，户外运动经营单位也应加强与保险公司的合作，根据市场需要而对特种保险产品进行针对性开发，提高户外拓展训练风险管理与控制的效率和效果。例如，对于参与户外拓展训练的团体，先了解团体人数、参与项目的风险程度、产品中是否含有保险费用等，从而设计和推广相应的险种，保费、保险金额视具体情况而调整。

户外运动俱乐部在经营管理中要特别关注保险事项，在开发与推广新兴户外拓展训练项目的过程中，要从俱乐部经营规模、管理现状、市场经验、所开发项目的特点及参与者的实际情况等因素出发而对保险方案进行择优选择，选出最佳方案。俱乐部要同时为自己和为户外拓展项目参与者购买意外险，这样一旦发生意外，能够为参与者争取合理合法的赔偿，同时也能使自己的经济赔付风险得到一定程度的降低。

第二节　户外拓展训练的教育体系

一、户外拓展训练安全教育的形式

现在很多户外拓展训练活动都是由民间组织自发组织的，缺乏规范性和专业性，不管是组织者还是参与者，安全意识都不强，这是造成户外拓展训练中常常发生危险事件而且没有及时遏制生命财产损害程度的主要原因之一。对此，不管是对户外运动从业者，还是对户外拓展训练的参与者或广大户外运动爱好者，都有必要进行安全教育，提高安全意识和自我保护能力，从而预防危险，并在危急关头能够采取措施进行紧急处理，降低事故的危害程度。户外拓展训练安全教育的形式和类型主要包括普及教育和专业教育两种。

（一）普及教育

在户外拓展训练安全教育中，普及教育是最基本的一种教育方式，向有关人士普及户外运动知识及安全常识可采取以下途径。

第一，开展户外运动安全专题系列讲座，邀请专家对户外拓展训练相关知识进行讲授，提高人们对户外拓展训练的认知能力及安全防范意识。

第二，将传统传播媒介和现代化传播媒介充分利用起来，发挥各种传播媒介的优势和作用，广泛宣传户外运动安全知识，使从业者不仅树立高度的安全意识，而且掌握必要的安全技能，从而为客户提供专业的服务和安全的保障。此外，通过媒体宣传也能提高户外运动爱好者的安全意识，使爱好者在做好各方面准备的情况下理性参与风险性高的户外拓展训练项目，不要冲动行事。体育频道可播放和户外运动相关的真实事故，还原现场，提高人们的警惕性。

（二）专业教育

下面从高校和俱乐部两个角度来分析户外拓展训练的专业教育形式。

1. 高校专业教育

在高校体育教育中开设户外运动专业理论和技能课程，建立户外运动技能培训组织，为学生学习户外运动知识和技能以及实践演练提供良好的平台。户外运动俱乐部从业者是高校体育专业、经管类专业等相关专业学生毕业的一个就业方向，因此还要注重管理技能的培养，使学生对户外运动理论知识、技术技能及管理方法有熟练的掌握，并能在实践中运用所学知识和技能去提供专业指导、服务，或将户外运动俱乐部经营好、管理好，保障俱乐部会员的安全，保护他们的切身利益，妥善处理纠纷，预防意外发生，实现俱乐部的安全运营和可持续发展目标。

高校不仅要面向在校生进行专业素质培养，为社会培养专业的户外运动技术人才和管理人才，同时也可以将学校的教学资源充分利用起来创办培训班，在课余时间面向社会人士提供专业培训，另外，高校获得有关部门的批准后与户外运动俱乐部合作创建培训机构，或在地方体育局的领导下创办社会性质的培训班也是不错的选择，社会上从事户外运动工作的相关人员可以抓住这个培训机会继续深造，提高自己的业务能力。户外运动爱好者也可以参与培训，积累知识，掌握技能，从而更安全地参与户外拓展训练。高校设置的相关课程以及培训机构开设的课程应该包括运动生理学、运动心理学、运动医学、体育管理学、户外运动市场营销学、运动训练学等丰富多样的课程内容。

高校通过专业教育和课外培训的方式对户外运动人才进行培养，有助于促进户外运动的系统化、专业化发展。需要注意的是，要提高人才培养质量，需要有优秀的师资队伍，而专业师资缺乏是制约高校培养户外运动相关人才的重要因素之一，对此，高校应加强对优秀师资队伍的建设，引进优秀教师来满足教学和育人需要。高校在人才培养中要加强对户外运动从业者或爱好者专业技术水平、综合能力的培养，以推动户外运动市场的安全运作及持续发展。

2. 俱乐部专业教育

一些小型户外运动俱乐部中的管理人员既不是体育专业人才，也不是经济专业人才，而且素质不高，经营思想和理念落后，从而制约了俱乐部的发展，影响了户外运动的健康有序发展。对此，要面向俱乐部从业者进行专业教育，包括对俱乐部管理人员、教练员及其他服务人员的培训，培训内容应该既丰富，又专业。因为户外运动教练和指导员不仅仅对客户进行单纯的技术指导，还要授予生理学、心理学、康复学等知识，根据不同人员的需求采用不同的指导方案，所以要储备丰富的知识和熟练掌握指导技能。

二、户外拓展训练安全教育的内容

（一）安全意识培养

1. 自救意识

灾难并不都是从天而降的，灾难起源于各种原因，因此可能有各种征兆。户外拓展训练项目的参与者要提高警觉，保护自己。

（1）强烈的求生欲望

心理上的高度生存期望常能使人忍受巨大的伤痛和极其困难的处境，顽强的求生欲是延长生存的一种“最佳心理良药”。“心理亢奋”能够调节大脑中枢神经的强度，大大增强细胞的抗死亡能力。所以户外拓展训练的参与者在活动中遇到突发事件时，要坚信自己能自救或获救，动员全身的力量有效应付困境，等待生命转机。

（2）清醒的理智

遭遇突发事件时，不同人的心理反应有差别，心理素质较好者，也会感到紧张害怕，并伴有一系列生理变化，如血压升高、心跳加速等，但大脑仍警醒，肌肉有力，反应敏捷，行动有力；心理素质差者，会目瞪口呆、不知所措，不知采取紧急措施，最终招致危险。人对突发事件的反应方式既与个体特征有关，也与训练有关。训练突发事件应付能力，特别是对心理素质较差的个体进行训练是非常必要的。

（3）正确判断，果断决策

灾难发生后需要进行短暂的思考，对危险的来源、性质和正确应对方式迅速进行准确评估，盲目行动可能会带来更大的危险。

2. 树立安全的理念

第一，安全的理念是在日常生活中形成的，日常生活中时刻保持安全意识，那么在危急关头能做出最佳反应，而不是徒劳挣扎。

第二，要有丰富的社会知识，特别是进入一个新环境时，要了解周边环境和社会治安情况。掌握基本的安全知识才能坦然地面对各种挑战，遇事不乱。

第三，充分认识人的生命与健康的价值，强化"善待生命，珍惜健康"之理。

通过学习安全知识，提高安全意识，形成生命第一的潜意识观念，做到安全自律，在遇到灾难时知道如何进行安全防范和自我保护；遇到危机时知道如何逃生；受到损伤时知道如何应急救治。

（二）生存技能训练

生存技能训练中主要是训练面对突发性事件、灾害性事故的应急、应变能力，避免生命财产受到侵害的安全防范能力，遇到人身伤害时的自我保护、防卫能力。目的在于提高对安全问题的重视，在户外运动中正确选择防御和进行自救、互救的方法。

不少户外拓展训练参与者在遇到安全问题时因处置不当、激化矛盾而加重危害或造成本可避免的损失。掌握基本的生存本领有备无患，一旦遇险，即使未能想出万全之策，也知道基本的应变办法，转危为安。在生存技能训练中要训练的技能主要包括急救、漂浮、找水、取火、联络、狩猎、采集、定向、自卫等。

生存技能训练是以一定的素质训练为基础的，在遇到危机时，身体强健、反应灵敏的人比行动笨拙的人更有能力处理险情、防灾避难，也更有可能生存下来。素质训练包括身体素质和心理素质的训练，身体素质训练主要锻炼人的力量、速度、柔韧、耐力等。在安全教育中对人心理素质的训练侧重于知觉敏锐性、反应灵敏性、情绪积极性以及意志顽强性等方面，心理素质训练方法主要选择放松练习、生物反馈练习、集中注意力练习以及表象重现与意念训练等。素质训练应贯穿于日常生活中，坚持不懈、持之以恒，这样才可能取得理想的效果。

生存技能训练是以掌握必要的防灾避难知识和求生技能为主要任务的，如野外如何寻找水源、遇到地震时如何逃生等。遇到危险时人本能的求生欲望非常强烈，这时候如果缺乏正确的逃生知识和技能，盲目采取行动，往往会带来更大的危险。当灾害已经发生，我们应该思考的是如何坦然应付、沉着处理紧急情况。当遇到急性伤病时，要准确判断、呼救、自救。①

第三节 户外拓展训练的监控体系

一、户外运动安全监控概述

（一）户外运动安全监控的概念

安全监控是指为了社会活动的正常开展，维护人身、财产安全，提高人们的安全防范意识与自我保护技能，从实际情况出发，运用一定的技术和管理手段，依照国家有关法律、法规，制定各种安全教育与管理的规章制度，评估风险因素和违反安全法规的行为，统计和跟踪异常行为，并对人们进行安全知识与防范技能教育的活动。户外运动安全监控的实质是对户外体育活动进行风险评估，加强风险管理和灾难预防的各种管理和教育活动。

① 王苏光.户外探险与野外生存[M].苏州：苏州大学出版社，2011.

（二）户外运动风险因素

户外风险因素是指影响户外运动正常开展的各方面因素，通常情况下，影响户外运动安全的因素大致分为参与者因素、设备因素、环境因素以及组织管理因素四个方面（图8–1）。

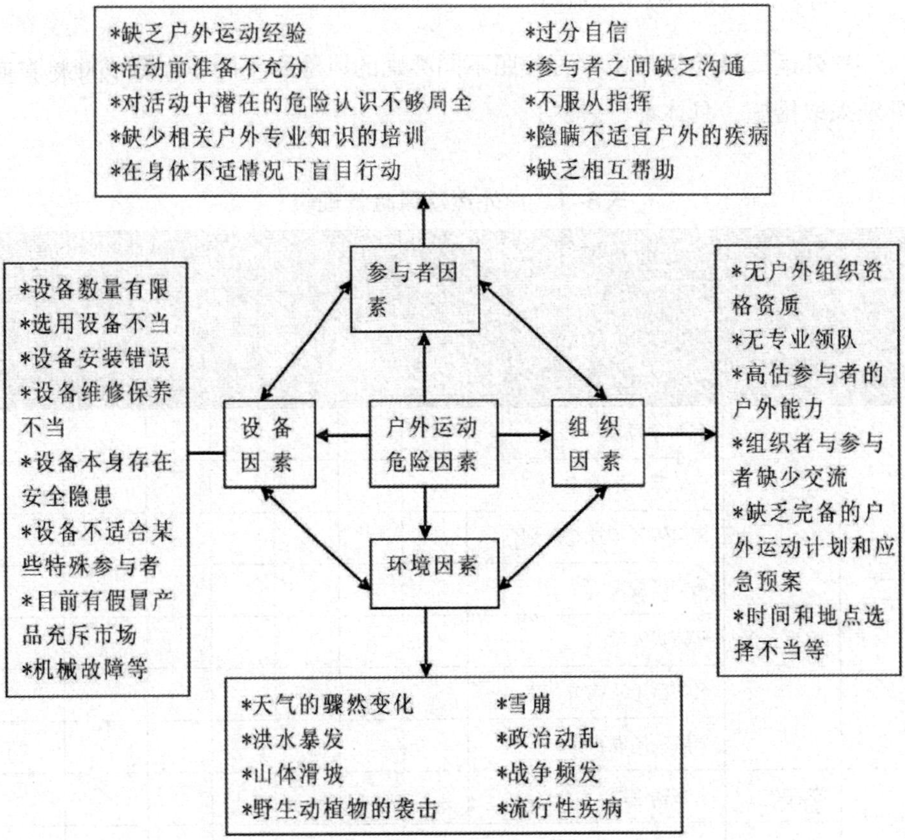

图8–1　户外运动风险因素[①]

风险因素在个体与群体身上的发生和表现复杂多样，多元化的风险因素

---

① 周红伟.我国户外运动安全保障系统的构建研究[J].南京体育学院学报（社会科学版），2010，24（02）：92–96.

并存且相互影响。通过安全监控，可以有效鉴别个人及群体参与户外运动的主要安全问题和危险因素，从而帮助个体和群体综合、正确地认识户外风险因素及其危害。对各种户外风险因素进行评估后，可以确定相应的安全管理方案，保障户外运动的顺利开展。①

（三）户外运动风险管理

户外运动风险管理中，可按照不同类别的风险和不同原因造成的风险而分别采取措施，具体参考表8-1。

表8-1 户外运动风险管理表②

风险识别		风险分析			风险评估			风险收益	
种类	原因	方法	结果	概率	结果值	概率值	总值	其他风险	收益
活动计划	气象因素	1.气象预测							
		2.备用计划方案							
	组织失误	3.组织管理规范计划							
		4.临场应变							
		5.领队管理							
		6.项目无法完成							
		7.解决问题再做							
交通	车况	8.车辆性能							
	路况	9.选择较安全路段							
		10.路况不好时密切注意							
	车祸	11.司机经验丰富							
		12.安全避让							

① 李舒平，邹凯.户外运动的风险管理[M].广州：广东科技出版社，2009.

② 李舒平，邹凯.户外运动的风险管理[M].广州：广东科技出版社，2009.

续表

风险识别		风险分析			风险评估			风险收益	
种类	原因	方法	结果	概率	结果值	概率值	总值	其他风险	收益
烧伤烫伤	用火不当	13.用火区安排专人管理							
		14.使用合格炉具及器皿							
	人为失误	15.事先提醒、及时纠正							
山林火灾	用火不慎	16.监控用火、用后灭净							
		17.禁燃烟花篝火							
	外部引起	18.存在隐患时多加注意							
		19.封山禁火期不进山							
食物	饮用水不洁	20.随身带纯净水							
		21.净化或烧开							
		22.选清洁水源							
	食物变质	23.在诚信店购买							
		24.在诚信店用餐							
	食物处理	25.事先提醒及时纠正							
		26.食品生产时间、过期时间							
	食物中毒	27.野生植物中毒							
药品使用	药品购买	28.选择正规药店							
		29.生产日期、过期日期及批号							
	用药	30.按要求用药							
		31.准确诊断							

续表

风险识别		风险分析			风险评估			风险收益	
种类	原因	方法	结果	概率	结果值	概率值	总值	其他风险	收益
动植物	刺伤、划伤、割伤	32.选择安全路线							
		33.长衣裤等防护							
		34.讲授通过方法							
		35.领队开路							
	狗咬	36.保持安全距离							
	毒蜂、毒蛇咬伤	37.不去可疑处							
		38.事先驱赶、做好防护							
	野生动物伤害	39.露营时避开兽道							
		40.做好防卫工作							
心理因素	恐高症等	41.鼓励、示范							
		42.放弃相应项目							
	恐惧陌生环境	43.安慰、缓解压力							
		44.示范、适应环境							
		45.改变环境							
落石	环境因素	46.避开危险区							
		47.安排专人清理							
	操作因素	48.培训、示范							
		49.严守操作规程							
	意外因素	50.提高防范意识							
		51.防护装备有效							

续表

风险识别		风险分析			风险评估			风险收益	
种类	原因	方法	结果	概率	结果值	概率值	总值	其他风险	收益
陡坡滑坠	环境因素	52.设置路绳等							
		53.避开陡滑坡							
	技能不足	54.示范、培训							
		55.协助通过							
	心理因素	56.安慰、鼓励							
	装备不适	57.事先提出要求							
		58.增加防护措施							
高空滑坠	教练失误	59.专业教练操作							
		60.两名以上教练							
		61.专业培训人员操作							
	装备问题	62.装备合格、管理严谨							
		63.装备进行安全备份							
		64.检查专业装备							
	项目外发生	65.分批带领并设置禁区							
		66.安全佩带装备							
		67.发现问题及时提醒							
迷路走失	单独行动	68.禁止单独行动							
		69.活动区域设置标识							
		70.禁止单独行动项目							
		71.保障单独行动安全							
		72.天气情况（如大雾、下雨）							

续表

风险识别		风险分析			风险评估			风险收益	
种类	原因	方法	结果	概率	结果值	概率值	总值	其他风险	收益
失温	下雨	73.带好雨具							
		74.到避雨处							
	气温低	75.等气温好转							
		76.生火或向人求助							
	保暖措施	77.带足保暖物资							
		78.做好备份							
		79.讲授方法							
	意外落水	80.组织保障							
		81.提醒、警告							
		82.避开深水区域							
装备缺损	组织失误	83.检查、监控程序							
	过程缺损	84.过程管理严密							
		85.放弃缺损装备项目							
人为因素	外部冲突	86.了解当地人文情况							
		87.现场处理							
		88.求助组织							
	内部冲突	89.充分协调							
管理危机	环境不适引起失控	90.管理回避							
		91.装备弥补							
	突发事件	92.领队经验							
		93.强制手段控制							
		94.应急计划及手段							
风险	发生中等以上风险	95.购买相关保险							
		96.与相关专业组织合作							
		97.不做考虑							

户外风险管理能力是在实践中形成和提高的，户外运动爱好者应该不断学习知识和技能，善于从实践中积累经验，吸取教训，总结规律，这样才能在遇到风险时从容应对，保护自己的生命和财产安全，同时向他人提出援助之手。

二、户外拓展训练安全互控体系的构建

安全互控包含自控和他控两个方面，安全互控体系指的是自控体系和它控体系之间相互约束、控制，最大限度地避免安全事故的发生或使引起安全事故的因素降到最低限度，起到安全保护作用的一种整体的工作系统。两大体系各自独立，又相互影响、相互制约，如图8–2所示。

（一）自控体系构建

自我控制是个体自觉确立目标，制订计划，排除干扰，克服障碍，采取某种方式控制自己的行为，从而实现目标的心理过程。构建自控体系要从以下几方面出发。

1. 提高自我意识

要有强烈的安全意识，对户外拓展训练的安全问题要主动了解，对实践经验要主动学习，在户外拓展训练中保持高度警惕。

2. 了解自我能力

准确认识自己的体能状况、心理素质及运动能力，选择自己能力范围内的拓展项目来参与。

3. 提高专业知识和技能素养

对户外拓展训练的相关知识及专业技能进行全面学习，包括安全知识、组织技巧、运动技术、基本装备使用方法、急救技能等。

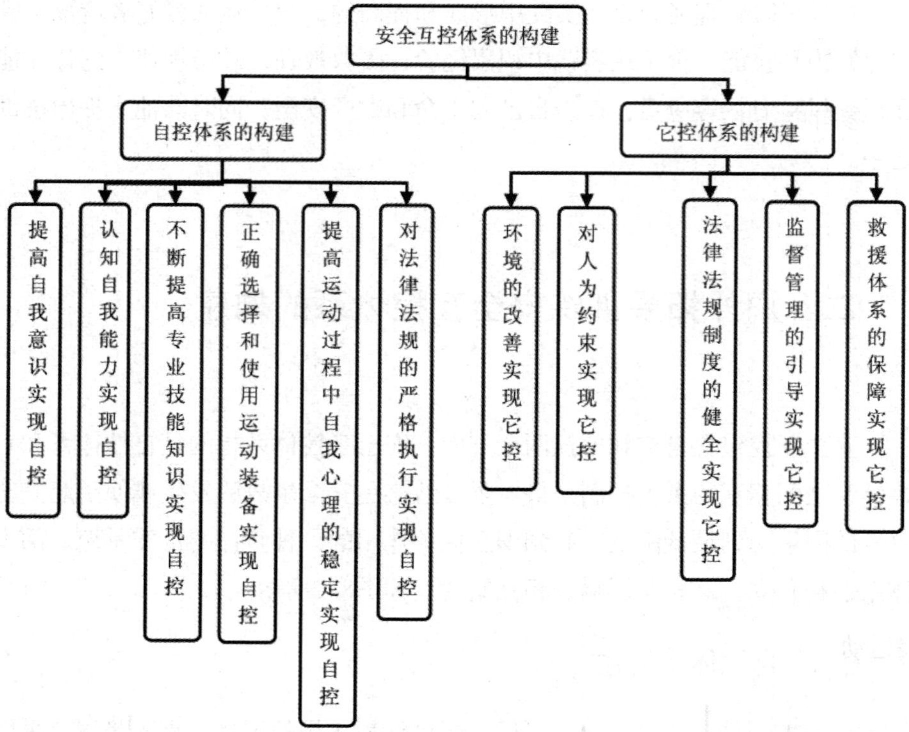

图8-2　户外拓展训练安全互控体系①

4. 正确选择和使用运动装备

选择标准的有质量保障的装备，使用前、后仔细检查装备，不要贸然使用有安全隐患的装备。

5. 提高自我心理素质

稳定的心理素质是与人沟通交流、适应新环境、融入集体生活的重要条件。这种心理素质还能够使人的应急反应能力得到提高。

---

① 贺保会.我国户外极限运动安全互控体系构建研究[D].成都体育学院，2015.

6. 遵守法律法规

参与户外拓展训练，必须严格遵守法律、法规，按规定严格执行行动方案，做一名懂法、守法的合格户外运动者。

（二）它控体系构建

它控体系指的是外界的控制、约束，在外界的压力作用下采取措施对主体进行控制。构建它控体系要从以下几方面出发。

1. 改善环境

改善自然环境，完善户外运动场地的监控预警系统，提前监测可能发生事故的区域，完善预警机制，避免发生意外。

改善社会环境，尽可能选择治安好、医疗卫生条件好的地方参加户外拓展运动。

2. 人为约束

（1）户外拓展训练队伍中配备专业医疗人员。

（2）对领队进行资格认证，全面考核组织者和领队的专业能力。

（3）户外拓展训练的参与者尤其是集体项目参与者要有团队合作意识和集体主义精神。

3. 健全法律法规

国家出台相关法律法规来规范户外拓展训练的组织运作，保障户外拓展训练参与者的生命财产安全。一方面要出台专门的户外运动法律制度，如户外运动俱乐部监管制度、户外运动消费者权益保护法律等；另一方面要出台相关法规，包括全国性/地方性政策法规和行业法规。

4. 监管引导

包括对户外运动相关企业、相关人员以及相关部门（政府部门、救援部门、保险部门）的监管引导。

5. 救援保障

救援是户外拓展训练尤其是极限运动项目中最重要的环节，完备的救援工作需要社会和政府部门协调合作。要构建包含救援人员、救援机构和救援设备等要素在内的救援保障体系，提高保障效率。

第四节　户外拓展训练的保险体系

一、户外运动保险概述

关于保险的含义，从不同角度出发有不同的理解。从法律视角出发，保险是一种以契约为依托的权利和义务的关系，也就是契约关系或保险契约关系。从社会角度出发，保险是一种经济制度，具有分散危险和减少损失的经济功效。

户外运动保险是随着户外运动的兴起和发展而出现的一个新兴保险概念，我国对户外运动保险的概念没有明确的界定，但这种保险产品有其特殊性，它的保障对象、范围不同于一般的保险，而且也有自己的侧重点。户外运动保险实质上是市场经济体制下形成的一种商业社会管理机制和风险转移机制。我们可以从下列两方面来理解户外运动保险的本质。

第一，户外运动发展中产生的社会纠纷可通过户外运动保险这一商业社会管理机制而得到有效解决，有助于促进社会管理成本的降低和社会保障水平的提高。随着户外运动保险市场的深入开发与发展，必然会有大量的就业岗位随之产生，这就使社会就业问题得到了一定程度的解决，使政府压力得到了缓解，也对社会稳定起到了积极促进作用。

第二，户外运动保险具有分散与转嫁风险的功能，户外运动中的风险是由自然灾害或其他突发意外事故而带来的，采用市场手段能够使这种风险成功实现转嫁。

户外运动的普及与发展催生了户外运动保险，广大户外运动参与者对运动保险有较高的需求，因为参与者本身是广泛的，户外运动也具有层次性和多元性，因此保险公司也要设计丰富多样的保险产品来满足广大用户的需求。我国户外运动保险市场与其他保险市场的发展相比处于滞后和缓慢发展阶段，这与户外运动在我国兴起的时间较晚有直接的关系。因为户外运动保险发展缓慢，所以目前这方面的专门险种结构比较单一，以户外运动纠纷处理中涉及的险种为例，结构如图8–3所示。单一的险种结构不足以满足广大户外运动参与者的实际需求，因此有待进一步开发。

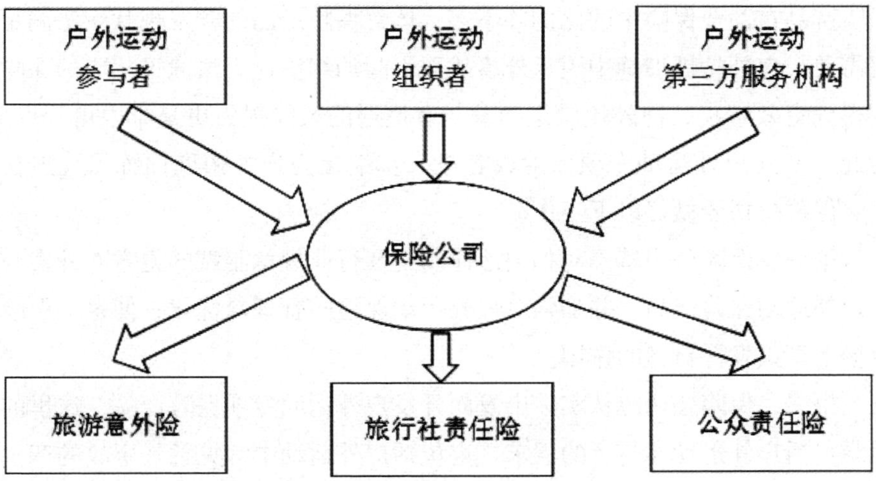

图8–3 户外运动纠纷处理的保险险种①

① 陈玲慧.基于纠纷处理判例对我国户外运动保险的研究[D].北京体育大学，2019.

二、户外拓展训练保险体系的构建

（一）开发专项保险产品，提供精准化保险服务

体育有竞技体育、群众体育和学校体育之分，体育保险也可分为竞技体育保险、群众体育保险和学校体育保险，这是我国商业性人身保险在体育领域的分类。户外运动属于大众体育项目，因此群众体育保险中涵盖户外运动保险。随着全民健身的广泛开展，大众体育迅猛发展，但体育实践中的意外事故也增多了，人民群众的生命与财产安全受到严重的威胁，这也增加了人们购买体育保险的需求，户外运动的风险因素较多，因此户外运动参与者对保险的需求也较大。但是目前我国缺乏专门的户外运动专项保险，而且体育保险产品在商业保险中的比例并不多。体育保险产品的开发现状无法满足现实需要，户外拓展训练中因意外事故而引起的纠纷还无法通过相应的保险制度得到有效解决，户外拓展运动参与者遭遇的风险损失更是难以得到保障。为此，开发户外运动专项保险或者进一步细化为户外拓展训练保险迫在眉睫。保险公司要做好以下工作。

第一，保险公司基于对相关法律制度及行业规章制度的遵守而开发与推广户外运动保险产品，并加强对户外运动保险的管理与优化，使这类保险在市场上真正发挥自己的作用。

第二，保险公司应从实际出发而开发户外运动专项保险产品，这里的实际既包括户外运动参与者的需求，也包括户外运动中常见意外事故的产生因素、发生特点、造成危害的严重性等，从这些实际情况出发开发的保险产品更能满足现实需要，能够使投保者享受专业化、个性化、精准化服务。此外，户外运动风险产品也要与事故的风险系数层级相匹配，产品本身也要体现出层级性，开发不同层次的产品以满足不同人的需求。

（二）树立正确理念，构建利益主体共赢机制

当前，我国户外运动纠纷涉及的利益主体比较复杂，而且主体之间联系不紧密，形成封闭的“个人利益保护圈”（图8–4）。这种隔绝状态对户外运动市场的进一步扩大造成了严重的制约，也限制了定制化、精准化户外运动

保险产品的开发和推广。对此，必须以多元利益主体为突破口而解决户外运动保险的问题。

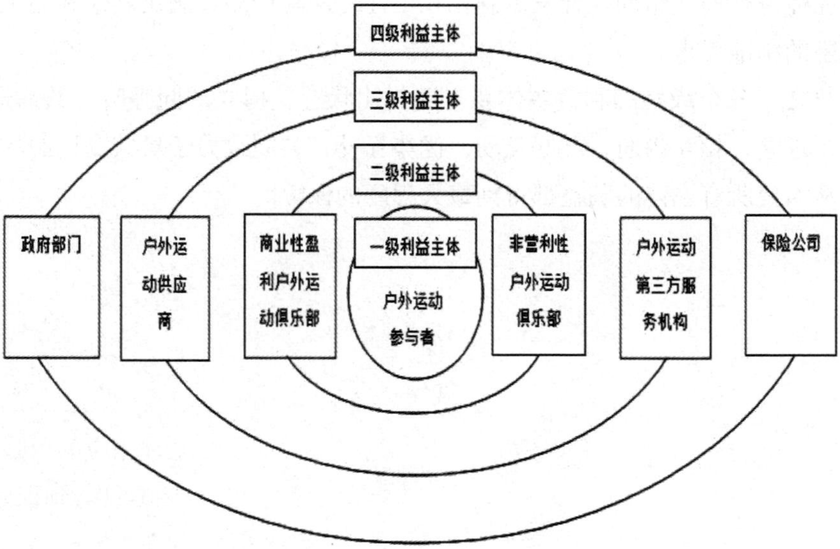

图8-4　利益主体谱系图①

第一，户外拓展训练参与者（一级利益主体）主动购买能够满足自己需求的个性化、定制化户外运动保险产品，使自己承担的风险降到最低，不要完全寄希望于经营单位的自带责任险。

第二，完善户外运动俱乐部（二级利益主体）的资格认证标准和制度，根据户外运动项目的风险系数制定不同层次的认证标准，达到某一层次标准的俱乐部可以经营相应风险级别的运动项目。在认证过程中，要将俱乐部从业者尤其是领队的技术技能、安全保障技能、管理能力等作为重要的指标而进行严格审查。

第三，户外拓展运动的资源供应商、第三方服务机构（三级利益主体或

① 陈玲慧.基于纠纷处理判例对我国户外运动保险的研究[D].北京体育大学，2019.

“蛰伏利益主体”）购买相关责任险，使自己承担的风险损失降到最低，保障自己的利益。

第四，政府部门、保险公司（四级利益主体或边缘利益主体）围绕其他利益主体进行商业布局及开发定制化和个性化保险产品，满足其他利益主体对保险的精准需求。

总之，各个级别的利益主体要打破封闭状态，树立“同呼吸，共命运”的科学理念，相互沟通，友好互动，优势互补，共同致力于对共赢机制的构建，从而使所有主体的利益都得到最大程度的保障。

参考文献

[1]李钢，张斌彬，王晶.户外运动技巧[M].青岛：中国海洋大学出版社，2019.

[2]孟令滨.大学生户外运动教程[M].哈尔滨：东北林业大学出版社，2018.

[3]韩庭卫，臧道祥，李桥.企业管理户外拓展训练全书[M].广州：广东经济出版社，2006.

[4]张斌彬，李纲，李晓雷.团队拓展户外拓展训练与团队创造力研究[M].郑州：黄河水利出版社，2019.

[5]段辉巧.户外拓展运动理论与实践研究[M].延吉：延边大学出版社，2016.

[6]包海江，陈朝.户外拓展精英训练营大学生素质拓展训练指导教程[M].厦门：厦门大学出版社，2016.

[7]闫雷，王迪，金刚.体育能力拓展训练教程[M].哈尔滨：东北林业大学出版社，2016.

[8]沉永金.户外运动[M].昆明：云南大学出版社，2013.

[9]陈亚中.足球：运动训练专业主修[M].北京：北京体育大学出版社，2015.

[10]毛志雄，迟立忠.运动心理学[M].北京：人民大学出版社，2015.

[11]胡炬波，厉丽玉.户外运动与拓展训练[M].杭州：浙江大学出版社，2017.

[12]孙新波，刘洋，唐纪文.拓展训练[M].沈阳：辽宁科学技术出版社，2005.

[13]李纲，张斌彬，李晓雷.高校户外拓展运动教学与心理拓展实践[M].

郑州：黄河水利出版社，2019.

[14]钱永健.拓展训练[M].北京：企业管理出版社，2006.

[15]师伟超.拓展训练的实践操作原则探讨[J].运动，2016（21）：149-150.

[16]周李莉，郭福江，尹亚晶.体育运动训练与健身实践研究[M].北京：人民日报出版社，2016.

[17]杨桦，李宗浩，池建.运动训练学导论[M].北京：北京体育大学出版社，2007.

[18]（美）图德·邦帕，（美）格雷戈里·哈夫著，李少丹，李艳翎译.周期运动训练理论与方法[M].北京：北京体育大学出版社，2011.

[19]唐征宇.运动心理学[M].上海：上海教育出版社，2018.

[20]段国萍.素质拓展训练[M].上海：上海交通大学出版社，2014.

[21]常桦.自助拓展训练组织与实施手册自助拓展训练方法及六大类156个精选项目[M].北京：中国工人出版社，2008.

[22]国家税务总局教材编写组.拓展训练[M].北京：中国税务出版社，2009.

[23]邱晓德.体育保险学[M].北京：北京体育大学出版社，2006.

[24]王苏光.户外探险与野外生存[M].苏州：苏州大学出版社，2011.

[25]刘苏.我国户外运动法律规制模式研究[J].武汉体育学院学报，2011，45（04）:33-38.

[26]张恩利，刘新民.我国户外运动安全的法律保障[J].西安体育学院学报，2020，37（05）：545-550.

[27]钟薇，朱芸，解丹阳.我国户外运动安全保险的现状及问题[J].体育研究与教育,2016,31（02）:32-35.

[28]陈玲慧.基于纠纷处理判例对我国户外运动保险的研究[D].北京体育大学，2019.

[29]李舒平，邹凯.户外运动的风险管理[M].广州：广东科技出版社，2009.

[30]林健聪.四川省户外运动安全管理体系研究[D].成都体育学院，2012.

[31]贺保会.我国户外极限运动安全互控体系构建研究[D].成都体育学

院，2015.

[32]周红伟.我国户外运动安全保障系统的构建研究[J].南京体育学院学报（社会科学版），2010，24（02）：92–96.

[33]张伟.拓展训练安全保障体系构建研究[D].北京体育大学，2013.

[34]黄巧.我国运动性疲劳与超量恢复理论沿革研究[D].西南大学，2012.

[35]王晶.论我国户外运动的安全保障体系的构建[D].北京体育大学，2017.